KB193774

국어과 중심

마을결합형
융합수업

왜? 어떻게?

손잡고 국어수업 06

국어과 중심

마을결합형 융합수업

구본희·윤수란·이한솔·한얼 지음

'손잡고 국어수업' 시리즈를 펴내며

아름다운 수업

교사라면 누구나 아름다운 수업을 꿈꿉니다. 그래서인지 수업 사례를 다룬 책이나 연수가 쏟아지고 있습니다. '수업 디자인'이라는 말도 유행합니다.

디자인이 뭐냐는 물음에 누군가는 이렇게 답했습니다. "인문학적 상상의 공학적 실현". 그러면서 "디자인은 손재주가 아니에요. 사람들의 삶을 어떤 방향으로 바꾸고 싶다는 인문학적 상상이 먼저입니다."라고 덧붙였습니다.

교육공학을 전공한 교수님도 그와 비슷한 얘기를 했습니다. "수업 방법은 다음 문제예요. 어떤 수업을 하고 싶은지, 왜 그런 수업을 하고 싶은지 그걸 먼저 생각해야 합니다. 그에 따라 수업 방법이 결정되기 때문입니다."

국어 교사 단톡방에서 오가는 대화

"○○와 □□의 차이가 뭔가요?"

"△△는 어떻게 가르치면 되나요?"

국어 교사들이 모인 단톡방에 가장 많이 올라오는 질문입니다. 당장 내일 해야 할 수업을 앞에 놓고 막막한 마음에 올린 질문이겠죠. 오죽 답답하면 이런 질문을 하셨을까요? 그런데 조금만 여유를 가지고 '왜?'라는 질문을 먼저 던져보면 어떨까요? 그러면 '어떻게?'에 대한 답은 자연스럽게 따라오지 않을까요?

왜?

새는 두 날개만으로 날지 않습니다. 물고기는 지느러미로만 헤엄치는 게 아닙니다. 머리를 돌려 올바른 방향을 잡는 일이 먼저입니다. 그래서 이 책에서는 '왜?'라는 질문으로 시작합니다. 이 물음은 '삶' 또는 '성장'과 맞닿아 있습니다. 가르치고 배우는 사람이 더불어 성장하는 수업을 하려면 '왜?'라는 질문을 붙들어야 합니다.

나는 왜 이걸 가르치는가?
이걸 배워서 우리 아이들이 어떤 방향으로 성장하기를 바라나?

공자님께서도 "學而不思則罔(학이불사즉망)"이라고 하셨습니다. '망(罔)'은 그물입니다. 그물에는 구멍이 숭숭 뚫려 있습니다. 속 알맹이가 없죠. 열심히 가르치고 배우지만 수업이 끝나면 허망할 때가 많습니다. '왜?'라는 질문이 빠졌기 때문입니다. 성긴 그물 사이로 삶의 알맹이가 죄다 빠져나가고 빈껍데기만 남았기 때문입니다.

'왜?'에 대한 답을 찾으려면 찬찬히 관찰해야 합니다. 교육과정에서는 어떤 목표를 제시하고 있는지, 교과서에서는 어떻게 구현하고 있는지, 학생들은 어떤 수준과 상황인지, 학생들이 살아갈 우리 사회는 어떻게 변하고 있는지……. 처음에는 어려울 수 있지만 자꾸 연습하면 꼬리에 꼬리를 물고 해답이 따라 나옵니다. 고구마 줄기처럼.

어떻게?

교사가 아무리 선한 의도와 간절한 열망을 가졌다 해도 수업이 그저 되지는 않습니다. 열심히 날개를 퍼덕이고 지느러미를 움직여야 합니다. 인문학적 상상을 실현할 공학적 실천이 필요합니다.

공자님께서는 이어서 말씀하십니다. "思而不學則殆(사이불학즉태)". '태(殆)'는 위태롭다는 뜻입니다. 흐물흐물해서 제대로 설 수 없는 상태죠. 아무리 멋진 생각이 있어도 그걸 어떻게 실현할지 모른다면 소용이 없습니다. 올곧게 실천하려면 힘써 가르치고 배워야 합니다. 방법이나 요령이 필요합니다.

이 책에서는 이미 현장에서 실천해 본 사례를 몇 가지 소개합니다. 당연한 말이지만 이 사례를 곧이곧대로 베끼면 안 됩니다. 이 사례들은 '다만 하나의 몸짓'에 지나지 않습니다. 선생님들의 빛깔과 향기를 덧입혀 주세요. 선생님의 '왜?'라는 질문에 맞춰서 어떻게 적용할지 선택하셔야 합니다.

손을 내밀어 주세요

이 책은 더 아름다운 수업을 꿈꾸는 선생님들을 위한 책입니다. 선생님께서 국어 수업의 길을 찾으실 때 그 손을 잡아드리고자 이 책을 기획하게 되었습니다. 우리 책을 실마리 삼아 선생님만의 '왜?' '어떻게?'라는 질문을 얹어 더 아름다운 수업을 구상하시기를 기대합니다.

더 나아가 저자로 모시고 싶습니다. 선생님께서 실천하신 값진 수업 사례를 책으로 만들어주세요. 아직 완전하지 않아도 좋습니다. 그걸 책으로 엮는 과정에서 더 단단하게 틀을 다질 수 있기 때문입니다. 선생님께서 용기를 내신다면 또 다른 누군가에게 따스한 손길이 되리라 믿습니다. 선생님의 연락을 기다립니다.

손잡고 걸으면 외롭지 않습니다.

우리가 가르치고 배우는 일도 그랬으면 좋겠습니다.

함께 손잡고 '왜, 어떻게 가르칠까?' 길을 찾고자 합니다.

머리말

학교에서의 수업 장면을 떠올려 봅시다. 어떤 공간이 떠오르나요? 네, 교실이 떠오르실 겁니다. 교실 벽 한가운데는 (전자)칠판이 있고, 그 앞에 책상과 의자가 놓여 있습니다. 이것이 우리에게 익숙한 수업의 모습입니다. 배움은 어디에서나 일어날 수 있는데, 수업은 대부분 교실에서 이루어지고 있습니다. 교실의 벽을 넘어서고, 학교의 울타리를 뛰어넘는 수업에 대해서 고민할 때입니다. 삶과 연결된 배움의 즐거움을 위해서 말이지요. 살아 있는 공간 속에서 배움은 더욱 깊어지고 확장될 수 있습니다.

국어과는 삶의 언어를 다루는 교과입니다. 언어는 사람을 만나게 하고, 관계를 맺게 하며, 세상을 이해하게 하는 힘을 가집니다. 국어 수업이 교실을 넘어 마을과 만나면, 언어 역시 더 강한 힘을 가지게 됩니다. 단어와 문장이 생명력을 얻게 되는 것입니다. 마을의 어르신, 시장의 상인, 동네 도서관과 공원, 지역의 역사와 자연이 모두 수업의 텍스트가 됩니다. 교과서가 확장되고 학생들은 마을을 읽기 시작합니다.

이 책에서 소개하는 국어과 중심 마을결합형 융합수업은 삶과 교과, 마을과 배움이 교차하는 새로운 시도입니다. 문학을 통해 지역의 이야기를 발굴하고, 인터뷰와 기록을 통해 마을 사람들의 목소리를 담아내며, 발표와 공연과 책 출판 등으로 다시 배움을 마을에 환원하는 과정이 담겨 있습니다. 이 과정에서 학생은 스스로에게 묻습니다. '나는 누구이며, 이 마을에서 나는 어떤 의미를 지닌 존재인가?' 나아가 '나는 이 마을에서 어떤 존재가 되어야 하는가?'

학생은 이제 독자가 아니라 탐색자이고 해석자이며 창작자가 됩니다. 그리고 성실하게 수업을 듣는 수동적인 존재에서, 자신의 삶을 변화시키고 배움을 통해 사회를 성장시키는 능동적 탐험가로 바뀌게 됩니다.

이 책이 교실 안에서 고민을 이어가는 교사들에게 작은 영감이 되기를 바랍니다. 국어 수업은 교실에만 머무를 수 없습니다. 마을로 향한 한 걸음이 교과의 경계를 넓히고, 학생의 삶을 변화시키며, 교사의 수업을 더욱 살아 숨 쉬게 하기를 바랍니다. 함께 마을을 읽고, 쓰고, 엮는 수업의 장면들이 여러분에게 새로운 길로 놓이기를 기대합니다. 그 길 위에서 선생님과 학생들뿐만 아니라 마을도 새로운 꿈을 꿀 수 있으면 좋겠습니다.

차례

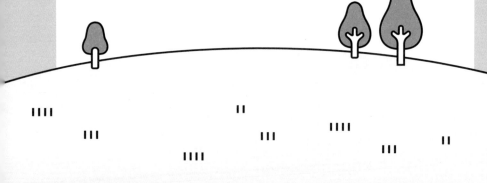

2부. 마을결합형 융합수업, 어떻게?

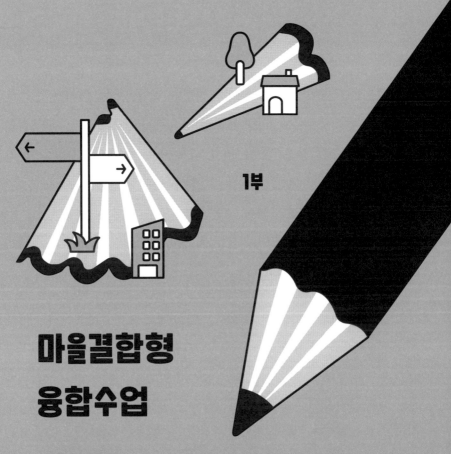

1부

마을결합형
융합수업

왜?

1. 왜 융합수업인가?

열일곱의 생일날, 하나도 기쁘지 않았다. 생일이라는 즐거움을 만끽하지 못하고 우울감에 시달려야만 했다. 10대 초반에 상상하던 열일곱은 대단히 낭만적인 나이였다. 외적으로도 화사하고(마법이 일어날 것이라 생각했다!) 내적으로도 성숙한 나이가 열일곱이라고 생각했다. 어른이 되기 직전의 순수와 괜찮은 어른이 되기 위한 심리적 준비를 모두 갖춘 아름다운 나이라고 믿어왔다. 그러니까 열일곱 살이 되면 세상이 장밋빛으로 변할 거라고 기대했던 것이다.

그러나 1990년대 대한민국에서 맞이한 열일곱은 10대 초반과 다르지 않았다. 오히려 더 나빴다. 아침 일찍 등교해서 밤늦게까지 야간자율학습을 해야 했고, 어른들이 중요하다고 정해놓은 지식을 머리에 최대한 많이 욱여넣어야 했다. 가로 50센티, 세로 35센티의 책상을 벗 삼아 영어 단어를 달달 외우고, 《수학의 정석》을 반복해서 푸는 생활을 매일 반복했다. 기대가 없었으면 실망도 적었을까. 오랜 기대 탓에 열일곱 살의 생일은 인생에서 중요하다고 생각했던 것들을 단념하고 포기하는 날이 되어버렸다.

뉴밀레니엄이 시작된 지도 20년이 훌쩍 지난 지금, 교실에서 학생들을 본다. 30년 전 내 열일곱 때와 다르지 않다. 30년 동안 우리는 4차 산업혁명을 지나 AI 시대에 접어들었는데도, 아이들은 여전히 쉬는 시간에 영어 단어를 암기하고, 외운 공식에 맞춰 수학 문제를 푼다. 모두 학원 숙제다. 우리 학교 국어교과실 이름이 '꿈다락'인데, 아이들이 꾸는 꿈이 무엇일지 궁금해질 때가 많다.

　융합수업은 이런 고민에서 시작되었다. 현재의 아이들이 30여 년 전의 나와 똑같은 방법으로 공부하는 것이 과연 옳은가? 이 아이들은 미래에 어떤 사람으로 자라야 하며, 교사로서 아이들의 시간을 무엇으로 어떻게 채워야 하는가에 대한 고민들이었다.

일반 학교에서 융합수업 하기

융합수업˚은 여러 교과가 함께 교과의 벽을 뛰어넘어 하나의 주제를 다루는 수업을 말한다. 일반적으로 융합은 서로 다른 분야가 함께했을 때 창의적이고 생산적인 사고가 가능하다는 개념으로 사용되며, 2000년대 들어서 역량에 기반한 교육이 강조되면서 교과목 간 융합을 바탕으로 교육과정의 융합이 강조되고 있다.˚˚

　다시 말해 융합수업은 교과 간, 학문 간의 경계를 넘어 주제와 관련된 문제 해결력과 창의적 사고력을 키워주는 수업이다. 미래 세대를 위한 교육은 단편적인 지식 습득을 넘어서야 한다는 것에 모두가 동의한다. 삶의 문제들은 복잡성이 더 심해져 단순한 지식으로는 해결하기

˚ 융합수업에 대해서는 '융복합, 창의·융합, 통합, 통섭, STEM(Science, Technology, Engineering&Mathematincs), STEAM(STEM에 Art를 추가)' 등 다양한 용어가 혼용되며(강정찬(2015),〈창의·융합수업을 위한 수업 설계원리 개발〉,《교과방법연구》27), IB에서는 융합수업을 '주제통합수업'이라고 부른다.

˚˚김영미(2016),〈창의융합 역량 향상을 위한 프로젝트 수업 모형 개발〉,《한국정보통신학회 논문지》20권 11호.

가 어렵다.

〈융합인재교육(STEAM) 실행 방향 정립을 위한 기초연구〉[*]라는 논문에서는 융합수업의 구성 원리를 다음과 같이 제시하고 있다.

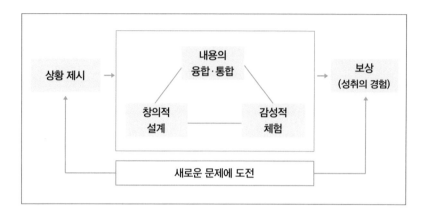

융합수업에서 제시하는 '상황'은 '융합·통합된 내용'을 바탕으로 '창의적으로 설계'되어야 하는데, 이때 '감성적인 체험'이 동반되어야 한다. 이런 수업 활동 경험을 통해 학생들은 '성취의 경험'이라는 보상을 얻게 되고, 이 경험은 학생들을 '새로운 문제에 도전'하게 만든다.

학교에서 융합수업을 진행하는 것은 생각보다 쉽지 않다. 말 그대로 융합수업이기 때문에 다른 교과와의 협력이 꼭 필요하다. 내 교과의 전문성을 인정받는 것도 쉽지 않은 상황에서 다른 교과 교사들과 협력해서 수업을 구성하고 실천해 나간다는 것이 물리적으로나 심적으로 부담스러울 수밖에 없다.

• 백윤수 외(2012), 〈융합인재교육(STEAM) 실행방향 정립을 위한 기초연구〉, 한국과학창의재단.

그럼에도 불구하고 많은 교사들이 융합수업을 시도하고 있다. 융합수업이 가진 매력 때문일 것이다. 융합수업을 통해 교육의 참의미를 실천하고 있다는 효능감을 느끼는 교사들이 많다. 지식 교육의 한계에서 벗어나고 싶은 욕구가 강한 교사들이 이런 만족감을 많이 보인다. 또 학생들이 살아 움직이는 모습에서 감동을 느끼는 교사도 많다. 융합수업이 학생 활동 중심 수업과 동일한 개념은 아니지만, 문제 상황을 융합·통합된 내용을 통해 해결해 나가는 과정에서 수업의 주도권이 학생들에게 옮겨가기가 쉽다. 교사의 설명이나 시범 중심 수업은 융합수업과 어울리지 않는다. 학생들에게 다양한 교과에서 배운 지식을 바탕으로 주제를 깊게 인식하고 문제를 해결하게 하는 과정이 동반될 때 융합수업의 의미가 실현될 수 있다.

국어과가 중심이 되어 융합수업 하기

국어 수업은 융합수업적인 요소를 내재하고 있다. 듣기·말하기, 읽기, 쓰기라는 기능적인 영역에서 다양한 교과의 주제를 활용할 수 있기 때문이다. 듣기·말하기, 읽기, 쓰기 영역의 교육은 '무엇을, 어떻게' 읽고 말할 것인가 하는 고민을 수반한다. 국어 교사들은 또한 '왜?'라는 질문을 던져야 한다. 아이들은 무엇을 어떻게 듣고 말하며, 교사는 왜 그런 활동과 교육을 해야 하는가? '왜'에 대한 대답이 '학생들이 살아갈 미래에 적응할 역량을 키워주기 위해서, 문제의 본질을 파악하고 제대로 대응하게 하기 위해서, 주어진 문제를 능동적으로 해결하는 힘을 키워주기 위해서' 등으로 연결되면 우리는 의미 있는 교육을 하고 있다는 자부심을 얻을 수 있다.

문학 영역은 다른 문화예술 분야와 혼합될(크로스오버) 수도 있다. 기본적으로 문학은 다양한 사회·문화적 배경들이 반영된 결과물이다. 그 안에서 살아 숨 쉬는 인물들 역시 작품의 배경이 되는 시대의 영향력 아래에서 말하고 행동하고 사고한다. 그렇다면 문학을 단순히 문학으로만 받아들일 수 있을까? 사회적 안목을 갖추어 문학을 읽고, 문학을 통해 사회를 비판적으로 인식한다면 그것이 문학의 본질을 더욱 강화하는 것은 아닐까? 여기에 더하여 '2022 개정 교육과정'에 새롭게 들어온 매체 영역도 다양한 사회·문화적 요소들을 포함하고 있다.

이런 이유들 때문에 융합수업을 실천한 사례들을 검토해 보면 국어과는 융합수업의 단골 교과이다. 국어 교사들이 이 점을 자랑스러워하고 고마워하면 좋겠다. 국어과가 매우 미래 지향적인 교과이고, 학습의 본질을 관통하는 교과라는 점이 분명해지기 때문이다.

한편, 각 교과의 교육과정을 살펴보면 중복되는 내용 요소들이 많다. '환경, 생태, 지속 가능한 발전' 등은 거의 전 교과에서 찾아볼 수 있다. 학생들은 여러 교과에서 유사한 내용을 조금씩 다른 방향으로 학습하고 있는 것이다.

영리한 학생들은 개별 교과에서 배운 유사한 주제의 학습 내용들을 종합해서 하나의 지식 체계를 구축할 수 있다. 그러나 모든 학생이 이런 수준을 갖추고 있는 것은 아니다. 그리고 영리한 학생들이라고 해도 주제에 대해 하나의 종합적인 이해에 도달한 것이지, 주제와 관련된 복잡한 문제 상황을 융합적으로 해결하는 시도를 한 것은 아니기 때문에 한계가 있다.

융합수업은 학생들에게 지식이 상호 연결되어 있다는 점을 인식시킨다. 그리고 그 연결 지점들을 바탕으로 실생활과 밀접한 문제를 해결하는 경험을 통해 미래 사회에 대한 대응력을 키워줄 수 있다.

프로젝트 수업과도 친밀한 융합수업

융합수업은 여러 교과가 연계하여 진행하기 때문에 프로젝트 수업으로 진행되기 쉽다. 프로젝트 수업은 학생들이 실제 과제를 통해 문제 해결 능력과 창의력을 기르는 학습 방법이다. 융합수업은 학생들의 프로젝트 활동을 얼마나 체계적으로 설계하고 운영하느냐에 따라 그 수준이 결정된다고 말할 수 있다.

수지 보스와 존 라머는《프로젝트 수업 어떻게 할 것인가?》에서 학생들의 주도성을 통해 현실적인 문제를 해결하는 과정에서 미래 역량을 향상할 수 있다며, 다음과 같이 프로젝트 수업을 위한 7가지 필수 설계 요소를 제시했다.

- 어려운 문제나 질문(challenging problem or question)
- 지속적인 탐구(sustained inquiry)
- 실제성(authenticity)
- 학생의 의사와 선택권(student voice and choice)
- 성찰(reflection)

- 비평과 개선(critical and revision)
- 공개할 결과물(public product)

융합수업을 진행할 때 프로젝트 수업의 요소를 반영하면 수업 구성이 더 구체화될 수 있다. 학생들의 실제 삶과 연결되어 있는 어려운 문제나 질문을 던지고 그것을 지속적으로 탐구해 나갈 수 있도록 한다. 이때 학생의 의사와 선택권을 보장해 주면 학생들의 능동성이 더 향상된다. 융합수업의 대주제는 교사가 설정하더라도, 학생들이 탐구할 소주제는 직접 선택하게 하는 것이 좋다. 또 탐구의 방법이나 과정에서도 학생들의 선택을 보장해 줄 수 있다. 프로젝트 수업은 공개할 수 있는 결과물이 산출되어야 하는데, 이때 산출물의 종류 역시 학생들이 선택하면 결과물 제작에 더 몰입하게 된다. 학생들의 의사를 적극적으로 반영하고 선택권을 적절하게 부여하면 학생들의 수업 참여도와 몰입도가 높아진다.

프로젝트 수업 후에는 그 과정과 결과에 대한 성찰도 필요하다. 무엇을 의도했고, 어떻게 진행되었으며, 그 결과가 어떻게 도출되었는지를 성찰하는 과정에서 학생들은 수업의 목표와 과정, 결과에 대해 비평 지점을 인식하고 그에 대한 개선점도 스스로 찾아낼 수 있다.

이런 지점들이 융합수업과 잘 어울린다. 융합수업의 주제는 하나의 교과에서 바로 해결되는 단순한 내용들이 아니다. 다양한 교과의 지식을 연결해서 종합적으로 접근하고 깊게 탐구한다. 프로젝트의 설계 요소를 통해 융합수업을 기획하면 학생들의 깊은 탐구를 이끌어낼 수 있다.

2. 융합수업 준비하기

신학년 집중 준비 기간 활용하기

몇 년 전부터 2월 중 3~5일을 신학년 준비에 활용하는 분위기가 생겼다. 이른바 '신학년 집중 준비 기간'이라는 것이다. 새 학년이 시작되기 전에 평가와 수업을 어떻게 할 것인가를 고민하고 정리하는 시간은 원활한 교육과정 운영에 꼭 필요하다.

많은 학교에서 이 시기에 외부 강사를 초청해서 강의도 듣고, 워크숍 형식으로 다양한 아이디어를 모으고, 교과협의회와 학년협의회를 진행한다. 이때 융합수업에 대한 준비가 함께 이루어지면 좋다.

융합수업은 여러 교과 교사와의 협력이 필수적으로 동반되어야 한다. 3월이 되어 시작하면 융합수업에 대해서 고민하고 논의할 만한 시간이 상대적으로 부족하다.

교수·학습 평가 계획에 반영하기 위해서도 2월에 논의하는 것이 중요하다. 보통의 학교들이 2월 말이나 3월 초에 교수·학습 평가 계획을 수립한다. 이 계획이 수립된 이후에 논의되는 융합수업은 '평가'에 반영되지 않을 가능성이 크고, 평가에 반영되지 않는 수업 계획은 뒤로 밀리거나 잊히기 쉽다.

2월에 논의하면 좋은 또 하나의 이유는 예산과 관련되어 있다. 2월에는 학교 본예산과 각종 목적예산이 수립된다. 융합수업을 계획하면서 필요한 예산이 있으면 논의를 통해서 새 학년 학교 예산에 반영할 수 있다. 그리고 교육청에서 목적예산에 대한 공문이 12월 말에서 2월에 걸쳐 내려온다. 융합수업의 주제나 형식과 관련된 목적예산을 신청하면 수업 운영에 필요한 예산을 추가로 받을 수 있다. 우리가 원하는 수업을 하면서 학습 준비 자료나 교사용 연구 자료 등을 충분히 마련할 수 있으면 좋다. 목적예산의 범위 안에서 10~30%까지 협의회비를 책정할 수 있다는 것도 좋은 점이다. 동료 교사들과 융합수업을 진행하면서 지속적으로 협의를 진행하게 되는데, 이때 따뜻한 밥 한 끼나 차 한 잔이라도 나눌 수 있으면 협의 진행이 더 원활해지기 때문이다.

2월에 융합수업을 논의하면 좋은 또 다른 이유는 학사 일정에 반영하기 쉽기 때문이다. 융합수업을 진행하다 보면 학생들의 외부 체험 활동이나 융합수업 결과물을 발표하는 시간이 필요할 수 있다. 2월에 논의하면 이런 시간을 학사 일정에 반영할 수 있다. 추후에 수업을 진행하게 되면 학사 일정을 변경하기 어려워서, 수업 흐름상 꼭 필요한데도 포기하고 넘어가거나 수업을 변경해서 다른 교과 수업에 지장을 초래하기가 쉽다.

신학년 집중 준비 기간에 융합수업을 계획하면 좋은 점
- 교수·학습 평가 계획에 반영할 수 있다.
- 필요한 예산을 확보할 수 있다.
- 학사 일정 반영이 용이하다.

나는 신학년 집중 준비 기간에 새 학년에서 시도하고 싶은 융합수업의 주제를 동료 교사들과 나누었다. 우리 학교는 2월마다 융합수업에 대해 고민할 수 있는 워크숍이 마련된다. 그 자리에서 동일한 학년에 들어가는 다양한 교과의 교사들이 교육과정상 중복되는 내용을 바탕으로 융합수업의 주제를 찾거나, 의미 있는 시도를 해보고 싶은 수업 주제들을 나누면서 융합의 지점을 찾는다. 전년도 교육활동을 돌아보며 우리 학교 아이들과 우리 학교 교육과정의 특징을 분석하고 보완하면 좋을 것들을 함께 고민하여 주제를 정한다. 그러면 우리가 기획한 수업이 학생들과 학교 교육과정 전반에 눈에 띄는 변화를 가져올 수도 있다.

이때 탬플릿을 활용하면 수업의 주제와 방식, 평가 시기 등을 정리하기가 쉽다.

탬플릿에 정리할 융합수업 관련 내용

주제				
과목				
단원				
수업 시기				
평가 시기 및 평가 방법				
수업 방식				
비고				

융합수업의 주제는 각 교과에서 중복되는 성취기준으로 접근할 수도 있고, 교과와 관련해서 올해 특히 주력해서 학생들과 탐구해 보고

싶은 주제도 좋다. 융합수업의 주제, 즉 학생들이 해결해야 하는 문제 상황이 실생활과 연결되어 있으면 학생들의 참여를 이끌어내기 쉽다.

주제가 결정되면 함께할 과목들의 연관 단원들을 정리하고 수업 시기를 조절한다. 위계상 먼저 학습하면 좋을 교과와 단원이 있고 후속해야 할 교과와 단원이 있다. 만일 역사과에서 학습한 내용을 바탕으로 국어과에서 '독도는 우리 땅'이라는 주제의 주장하는 글을 쓰고, 영어과에서 외국인을 대상으로 한 말하기 동영상을 제작하여 유튜브에 업로드하기로 했다면, 당연히 역사과의 수업이 가장 먼저 진행되어야 할 것이다.

다음으로는 평가 시기 및 평가 방법을 고민해 본다. 융합수업을 성공적으로 진행하는 방법 중의 하나는 평가 계획에 넣는 것이다. 평가가 계획되면 그 수업을 반드시 진행하게 되기 때문이다. 또 평가를 통합하여 학생들의 수고로움도 덜어줄 수 있다. '독도는 우리 땅' 융합수업의 경우, 주장하는 글을 국어과에서 썼지만 평가는 국어과와 역사과에서 동시에 진행할 수 있다. 역사과 교사는 역사적 사실이 정확한지, 역사에 대한 자신의 입장이 분명히 드러났는지를 중심으로 평가하고, 국어과 교사는 주장하는 글의 구성, 표현 방식, 글의 완성도 등을 평가할 수 있다. 역사과 따로, 국어과 따로 수행평가를 진행할 때보다 산출물의 수준이 더 좋아질 수밖에 없고, 학생들은 두 번 할 수행평가를 한 번에 끝낼 수 있어서 좋다.

수업 방식에 대한 고민도 함께 이루어지면 좋다. 수업을 효과적으로 실천하려면 학생들의 참여를 이끌어낼 수 있는 다양한 수업 방식이 필요하다. 재미있는 것은 교과별로 수업 방식을 바라보는 시선 차이가 있는데, 융합수업을 논의하면서 그런 교과 간 차이가 드러날 때가 있다. 차이는 나쁜 것이 아니다. 오히려 내 교과에서 활용하던 관점과는 다른 관점으로 수업 방식을 활용하는 방법을 배우는 계기가 되기도 한다.

교원학습공동체 구성하기

융합수업을 처음 시도하거나 교과 간 논의가 더 필요한 경우에는 융합수업을 함께 계획한 교사들이 교내 교원학습공동체를 구성하면 좋다. 교원학습공동체는 말 그대로 학습공동체로서 함께 연구하는 집단이다. 개별 교사들이 저마다 우수한 지적 능력을 가지고 있지만, 함께할 때 그 시너지가 더 커질 수 있다.

신규 교사 시절을 지나 어느 정도 가르치는 것에 익숙해질 때쯤 묘한 허무감에 빠지는 교사들이 있다. 중학교나 고등학교의 교육과정이 이미 익숙해졌고 단원명만 봐도 어떻게 수업하면 될지 자동으로 계산이 나오는데, 그것을 전문성이라 부를 수 있을까 확신이 들지 않는 것이다. 내 수업에 대한 자신감과 동시에, 다른 한편으로는 정말 내가 잘하고 있는 것인지, 더 좋은 내용이나 방법이 필요한 것은 아닌지에 대한 의구심이 존재한다.

그럴 때 필요한 것이 함께 고민하고 연구할 수 있는 동료 교사다. 교육과정이 지닌 의미를 분석하고 다양한 수업 방법을 연구하는 공동체 활동을 통해 마음을 답답하게 하던 의구심을 해소할 수 있다. 특히 융합수업을 처음 시도하는 교사라면 누구나 걱정이 많을 수밖에 없는

데, 동료 교사들과 함께 고민하다 보면 좋은 방법도 찾아지고 도출되는 결과도 흡족할 것이다.

2월 신학년 집중 준비 기간이나 3월 초에 교과 간 논의를 통해서 융합수업을 시작하게 된다면 함께하는 교사들과 교원학습공동체를 구성하자. 지속적인 만남 속에서 수업의 목표와 과정을 정교하게 기획할 수 있다. 또 각 교과의 수업 내용과 방법을 공유하는 과정에서 융합수업의 의미를 더 잘 이해할 수 있다. 융합수업에서 중요한 활동을 할 때는 서로의 수업을 참관하며 그 수업의 과정과 학생들의 활동 모습을 파악하는 것도 좋다. 융합수업을 진행하면서 어려운 점을 공유하는 것도 중요하다. 무엇이, 왜 어려운지를 공유하면 문제를 해결할 수 있는 방법이 더 쉽게 찾아지기 때문이다.

교원학습공동체를 통해 집단지성의 힘을 경험한 교사들이 많다. 융합수업이라는 새로운 목표를 정복하기 위해 내 옆자리 선생님들과 함께 집단지성의 힘을 경험해 보면 어떨까.

3. 왜 마을인가?

'아이를 키우려면 마을 하나가 필요하다.'라는 말이 있다. 아프리카 속담에서 유래된 이 말은 힐러리 클린턴이 언급해서 널리 알려졌다. 아이들이 성장할 때 마을의 협력이 필요하다는 것이다. 마을은 양육에 대한 공동 책임이 있으며, 교육적으로 다양한 경험과 학습 기회를 제공해야 한다는 것을 의미한다. 지역사회와 연계된 체험활동과 지역사회에 속한 다양한 전문가들과의 만남을 통해 아이들의 시야가 넓어지는 것이다.

실례로 IB 교육은 지역사회에 긍정적인 변화를 가져올 수 있는 책임감 있는 세계시민을 키워내는 것을 목표로 한다. 학생들은 삶과 교육을 연결한 주제통합수업을 통해 지역사회에 기여할 수 있는 능력을 기르게 된다. 초등 단계에서부터 학생들은 전시회를 통해 학습 결과를 지역사회와 공유하기도 하고, 지역사회 문제 해결을 위한 개인 및 공동체 프로젝트를 진행한다. 상위 학년에 올라가면 소논문 쓰기, 성찰 프로젝트 등을 통해 학습을 사회와 연결하고 사회 환원을 실천하게 된다.

과거에는 태어나서 죽을 때까지 한마을에서 살아가는 것이 보통이었다. 현대사회에 들어서면서 이동과 이주가 잦아지기는 했지만, 학령기 아이들을 둔 가정은 자녀가 초중고 교육을 마칠 때까지는 이동을 자제하고 대부분 학교 주변에 거주한다.

중학교나 고등학교를 다니는 시간은 3년이지만 학교가 소속된 지역에서는 더 오래 생활하게 되는 것이다. 따라서 삶의 터전이자 교육의 터전으로서 마을의 의미는 중요하다. 지인의 집을 방문할 때마다 같은 도시 안에 이렇게 다른 분위기의 동네가 존재한다는 것에 놀랄 때가 있다. 신도시의 분위기가 다르고, 구도심의 색채가 다르다. 마을은 각각의 분위기와 색채를 지니고 있는데, 그것은 그 마을이 살아온 역사 때문이기도 하고 그 마을의 중심이 되는 산업 때문이기도 하다.

맹모삼천지교를 굳이 언급하지 않더라도, 아이들이 자라나면서 마을에서 많은 것을 배운다는 사실은 자명하다. 마을 사람들의 삶을 통해 일하는 방식과 경제가 살아 움직이는 과정을 목격하고 이해하게 된다.

마을이 삶의 터전이자 교육의 터전이 될 때 학생들은 지역사회에 대한 소속감을 느끼게 되고, 이는 참여의식으로 확대될 것이다. 이처럼 마을 속에서 학생들이 교육활동을 경험하게 되면, 이는 값진 민주시민 교육으로 연결될 수밖에 없다.

주민들에게 사회적인 소속감과 책임감을 부여하고, 마을을 더 살기 좋은 곳, 더 교육적인 곳으로 만들고자 하는 지속적인 노력을 가능하게 하는 것이 바로 '마을결합협 융합수업'이다.

4. 시작, 마을결합형 융합수업

학생들의 동기와 참여도에 대한 흥미로운 연구 결과가 있다.

동기와 참여도를 높이는 청중의 위계 *

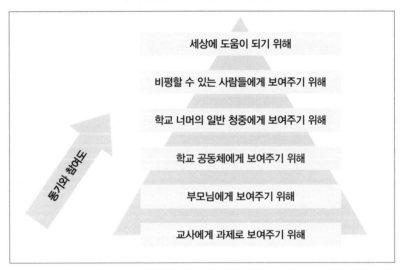

이 연구 결과에 따르면, 학생들의 동기와 참여도는 교사나 부모님에게 보여주기 위한 과제를 할 때 가장 낮다. 학교 공동체나 학교 너머의 일반 청중에게 보여주기 위해 과제를 할 때 동기와 참여도가 높아진다. 정말 놀라운 것은 세상에 도움이 되기 위해서 과제를 할 때가 가장 높은 동기와 참여도를 보인다는 것이다. 동기와 참여도가 높아지면 결

* Ron Burger 외, 《Leaders of their own learning》, Jossey-bass, 2014.

과물의 수준이 높아지게 되고, 그로 인해 학생들의 자기 효능감도 상승하게 된다.

그동안 우리는 아이들을 오해해 왔다. 점수가 걸려 있어야만 아이들이 열심히 한다고 말이다. 수행평가로 제시하면 과제를 제출하는 비율이 높아질 수 있지만, 그것이 '과제를 정말 잘 해결해 내고 싶다'는 동기와 참여도를 끌어낸다는 뜻은 아니라는 것이다. 아이들도 자신이 하는 일이 얼마나 가치 있는지를 판단하고 움직이는 것이다. 더 많은 사람들과 공유하고 더 많은 이들에게 긍정적인 영향을 끼치는 일이라면 학생들도 열심히 참여한다는 이 연구 결과가 감동적이다. 칭찬이 고래를 춤추게 하는 것처럼, 가치 있는 일이 아이들의 학습 동기를 유발하고 학습 참여도를 높이는 것이다.

동기가 충만할 때 자율성과 능동성이 강화된다는 것을 우리는 경험적으로 알고 있다. 학생들의 참여도가 높아질 때 결과물의 수준이 높아진다는 것도 목격해 왔다.

융합수업은 프로젝트와 연결되면서 삶과 연결된 문제를 해결하도록 구성되는 경우가 많다. 거기에 마을이 결합되면 이 문제는 내 생활의 문제, 우리 동네의 문제로 연결된다. 그 문제를 잘 해결하면 내 점수를 잘 받고 끝나는 것이 아니라 내 생활의 문제가 해결되고, 우리 동네에 긍정적인 영향을 끼치게 되는 것이다.

학생들은 이런 활동을 기다리고 있는지도 모른다. 나의 노력으로 인해 우리 동네가 조금 더 살기 좋아지고, 아주 작은 문제라도 해결할 수 있는 그런 활동을 말이다.

그래서 마을결합형 융합수업을 제안한다. 교사들에게 교육의 본질을 실천한다는 만족감을 주고, 학생들의 동기와 참여도도 끌어 올리는 마을결합형 융합수업을 말이다.

2부

마을결합형
융합수업

어떻게?

국어, 과학, 미술, 창체 융합수업

마을결합형
탄소중립 프로젝트

윤수란

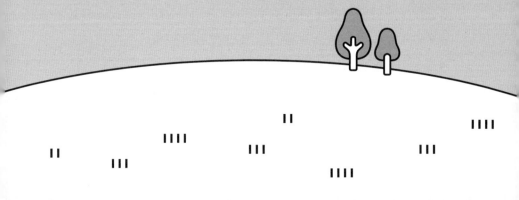

수업 개요

'기후 우울증'이라는 말이 있다. 지구온난화에 대한 심한 불안감이 우울감으로 이어지는 것이다. 2017년 미국 심리학회가 정의한 '기후 우울증'은 이상 기후나 극심한 기후 변화와 관련된 뉴스를 보거나 실제로 그런 기후 변화를 체감한 사람들에게 생기며, 젊은 세대에게 더 뚜렷하게 나타난다고 한다. 기후 우울증은 아이를 낳기 두려워하거나 체념하는 마음으로 연결되기도 한다고 전문가들은 말한다.

기후 문제가 사람들의 정서에까지 심각한 상처를 남기고 있는 상황에서, 이 문제를 학생들과 어떻게 나눌 수 있을까 고민하게 되었다. 생태전환교육이 강조되고 있고 환경과 관련된 수업을 해오던 차였지만, 국어과만의 수업보다는 융합수업을 통해 여러모로 더 깊게 다루고 싶었다.

신학년 집중 준비 기간에 학년별 융합수업 워크숍을 진행하면서 과학과와 미술과 선생님과 의기투합하게 되었다.

먼저 융합수업의 주제를 교육과정상 성취기준에 맞게 구체화하여 '탄소중립'에 대한 수업을 진행하기로 했다. 학생들은 과학과에서 데이터에 기반하여 기후 위기의 원인을 찾고, 탄소중립의 중요성에 대해 학습하게 된다. 국어과에서는 과학 수업 이후에 탄소중립에 대한 비문학 독서를 통해 과학 시간에 배운 지식을 심화하고 확장한다. 그리고 AI를 활용하여 토론 준비를 한 후에 '탄소중립'에 대한 쟁점이 있는 토론을 벌인다. 토론의 결과로 정리된 자기의 생각을 주장하는 글로 표현한다.

미술과는 국어과 수업과 동시에 탄소중립 생태 콜라주를 제작한다. 국어 시간에 논리적인 토론과 주장하는 글쓰기를 진행하는 동안, 미술 시간에 사진을 찍고 그것으로 콜라주 작품을 만드는 예술적 행위를 하는 것이다. 우리는 이런 활동을 통해 학생들이 머리와 가슴으로 생태 문제를 인식하고 느끼기를 바랐다.

수업 개요표

	과학	국어	미술	창체
4월	데이터 기반 기후 위기 학습			
5월		탄소중립 도서 전문가 독서		지역 연계 마을숲 체험
6월		탄소중립 쟁점 토론	탄소중립 콜라주 창작	
		탄소중립 주장하는 글쓰기		
7월		탄소중립 콜라주 전시회		

수업에 대한 회의를 하면서 우리 학교를 둘러싸고 있는 향림근린공원을 떠올리게 되었다. 학교 후문에 위치한 그곳은 야트막한 동산이다. 주민들이 산책을 즐기는 곳으로, 최근에는 '어씽(earthing)'이라고 하는 맨발 걷기 운동을 하는 사람들이 많아졌다. 공원 아래쪽에는 도시재생사업을 하는 향림마을이 있다. 이곳은 텃밭을 분양해서 구민들에게 도시농업 체험 기회를 주고, 소규모 논농사를 매해 지으면서 연중 생태교육도 진행한다.

우리 학교 주변의 자연환경을 최대한 활용하기 위해 창의적 체험 활동 시간에 향림근린공원에서 숲 체험을 하자는 의견을 모았다. 숲을 탐방하며 숲의 중요성을 깨닫고, 탄소중립 문제에 대해 깊게 고민하게 되기를 바랐다. 교무부와 의논해서 학사 일정을 수정하여, 이 융합수업의 대상 학년인 3학년 학생들은 5월 초에 마을숲에서 숲 체험을 하게 된다.

논의를 계속하다 보니 학생들이 그동안 이 숲을 통해 깨끗한 공기를 제공받아 온 것은 그만큼 마을의 혜택을 받은 것이고, 숲 체험을 통해 탄소중립의 문제를 생활 속에서 발견하고 숲의 중요성을 깨닫게 되는 것도 마을에서 받은 혜택이라는 생각이 들었다. 그렇다면 이렇게 마을에서 받은 교육적 혜택을 마을로 돌려주는 것이 학생들에게도 마을에도 좋은 일이 될 것이라는 데 뜻을 모았다. 그래서 미술과에서 제작한 탄소중립 콜라주 작품을 마을에서 전시하기로 결정했다.

그리하여 우리의 수업은 국어, 과학, 미술 교과와 창체가 함께하며 마을과 더불어 진행하는 마을 연계형 융합수업이 되었다.

1. 데이터를 기반으로 개념을 확립한 과학 시간

2015 교육과정	2022 교육과정
[9과18-01] 대기권의 층상 구조를 이해하고, 온실효과와 지구온난화를 복사평형의 관점으로 설명할 수 있다. [9과22-03] 가정에서 전기에너지가 다양한 형태의 에너지로 전환되는 예를 들고, 이를 소비 전력과 관련지어 설명할 수 있다. [9과24-01] 과학기술과 인류 문명의 관계를 이해하고 과학의 유용성에 대해 설명할 수 있다.	[9과17-01] 지구 대기권을 4개 권역으로 구분하며, 온실효과와 지구온난화를 복사평형의 관점으로 설명할 수 있다. [9과01-03] 과학의 발전이 인류 문명에 미친 영향을 이해하고, 인공지능 등 첨단 과학기술이 가져올 미래 사회의 변화를 조사하여 발표할 수 있다. [9과01-03] 인류의 지속 가능한 삶을 위한 과학기술의 중요성과 역할에 대해 토의하고, 개인과 사회 차원의 활동 방안을 찾아 실천할 수 있다.

마을결합 교과융합 프로젝트는 과학 수업으로 시작했다. 과학 수업을 먼저 진행한 이유는, 학생들이 객관적인 데이터를 바탕으로 지구온난화와 탄소중립을 이해할 필요가 있기 때문이다.

과학과 2022 교육과정은 온실효과와 지구온난화를 포함한 복사평형의 개념 이해부터, 첨단 과학기술이 가져올 미래 사회의 변화와 인류의 지속 가능한 삶을 위한 과학기술의 중요성까지 다루고 있다. 즉 개념 이해를 넘어서 지속 가능한 미래를 위한 과학기술의 책무성까지 고민하게 하는 것이다.

마을결합 교과융합 프로젝트의 대주제가 '탄소중립'이기 때문에 과학 교과와의 융합은 꼭 필요했다.

과학 교사는 지구와 달의 복사평형을 비교하고, 지구의 평균 기온

이 높아지는 원인을 분석했다. 그리고 마이크로비트를 이용하여 물체의 복사평형을 측정하는 실험을 진행했다. 이 실험에서 검은색 알루미늄 컵을 2개 준비했는데, 그중 하나에는 플라스틱 음료 통을 씌웠다. 이 두 컵에 온도계를 꽂고 스탠드로 불빛을 비춘다.

마이크로비트 복사평형 실험

이때 온도의 변화 측정은 두 대의 노트북에서 자동으로 이루어지도록 설계했다. 여기서 자세히 설명하지는 않겠지만, 이 자동 온도 변화 측정과 그래프 제작을 위해 기술 교과 교사와의 협력도 진행되었다. 학생들이 그래프 그리는 것을 어려워하기 때문에 정확한 실험값을 얻기 위해 과학 교사가 고민하다가 기술 교사와 협력하여 자동 측정 시스템을 마련한 것이다.

실험 결과, 플라스틱 통을 씌우지 않은 알루미늄 컵은 일정 온도까지 오른 뒤에는 더 이상 온도가 오르지 않았다. 하지만 플라스틱 통을 씌운 알루미늄 컵은 온도가 계속 상승하는 것을 알 수 있었다.

학생들은 지구의 대기층이 온실효과를 유발하며, 탄소 배출은 대기층의 온실효과를 더욱 가속화한다는 것을 실험을 통해 깨닫게 되었다.

수업을 마무리하며 과학 교사는 학생들과 함께 탄소중립 실천 카드를 만들었다.

학생들이 만든 탄소중립 실천 카드

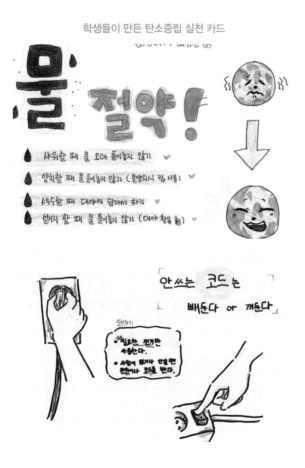

2. 탄소중립을 예술적 경험으로 확대하는 미술 시간

2015 교육과정	2022 교육과정
[9미01-01] 자신과 주변 대상, 환경, 현상의 관계를 탐색하여 나타낼 수 있다. [9미02-05] 표현 매체의 특징을 알고 다양한 표현 효과를 탐색할 수 있다.	[9미01-01] 감각을 활용하여 대상과 현상을 탐색하고 자신과 환경에 대한 감수성을 확장할 수 있다. [9미01-04] 삶과 미술의 관계를 이해하고 다양한 분야와의 연결 방안을 모색할 수 있다. [9미02-03] 조형 요소와 원리, 표현 재료와 방법, 디지털 매체를 포함한 다양한 매체를 활용하여 주제를 효과적으로 표현할 수 있다.

미술 수업은 지구온난화의 심각성에 대한 영상을 시청한 후 적정 기술이 적용된 제품 디자인을 알아보는 것으로 시작했다. 이를 통해 기후와 환경에 대해서 '문제라고 인식'하는 데서 끝나지 않고, 문제를 개선할 수 있는 기술의 발견과 실천이 중요함을 인식시키고자 한 것이다.

이어 학생들에게 생태환경을 지킬 수 있는 제품을 직접 디자인하도록 했다. 이를 위해 학생들에게 제품 제작계획서를 작성하게 했는데, 이때 포토콜라주 기법을 활용했다.

포토콜라주 기법을 시도하기 위해 사진 촬영 각도 및 기술을 이해하는 단계를 거쳤다. 다양한 사진의 사례들을 보여주며 휴대폰으로 대상을 포착하고 그것을 부각할 수 있는 방법을 학습했다. 이후 학교 주변의 생태환경을 관찰하며 나무와 꽃 등의 자연물을 촬영했다.

이렇게 촬영한 결과물을 포토콜라주로 활용했다. 콜라주란 시각예술의 한 분야로, 여러 가지 재료(헝겊, 종이, 나뭇잎, 타일 등)를 잘라 붙여 화면을 구성하는 것이다. 학생들은 생활 속에서 활용할 수 있는 생태환경 지키미 제품 디자인에 자신이 찍은 자연물 사진을 조합했다. 이때 교사는 학생들이 촬영한 사진들을 출력해 주어야 한다.

포토콜라주를 완성한 뒤에는 탄소중립과 관련된 생각을 언어적으로 표현해서 캘리그래피로 포토콜라주에 입히게 했다.

탄소중립 포토콜라주 포스터

3. 마을숲의 중요성을 체험하는 창체 활동

이번 융합수업에서 가장 공을 들여 준비한 것이 마을숲 체험활동이다. 마을이란 학생들이 자라고 생활하고 교육받는 공간이다. 마을을 제대로 이해하고 마을 안에서 성장하는 경험을 하는 것이 학생들에게 매우 중요하다고 생각했다. 그래서 학교 뒷산이라는 마을 자원을 활용하여 마을에서 학습하고, 학습한 결과물을 다시 마을과 공유(환원)하는 과정을 수업에 중요한 단계로 디자인했다.

탄소중립이라는 주제를 몸으로 체험하기에 숲처럼 좋은 공간이 없을 것이다. 우리 학교 후문으로 나가면 향림근린공원이 나온다. 야트막한 산인데 산책로가 잘 조성되어 있다. 아침저녁으로 산책하며 자연을 느끼기 좋은 장소다.

공원 아래쪽에는 향림마을이 자리 잡고 있다. 이곳에는 마을 주민들이 텃밭을 가꿀 수 있는 주말농장이 있고, 어린이들과 청소년들이 도심 속 농업 체험을 할 수 있는 교육 시설도 있다. 산책하며 자연을 즐길 수도 있고, 자연학습을 할 수도 있는 곳이 학교 바로 뒤에 있기 때문에, 탄소중립이라는 주제로 융합수업을 고민할 때 자연스럽게 마을 결합을 생각하게 되었고, 향림근린공원 숲 체험을 프로그램화하기로 한 것이다.

창의적 체험활동과 연계해서 숲 체험을 하는 날을 '마을결합 생태전환교육의 날'로 정하고 전문 숲해설가를 초빙했다. 원래는 학교가 위치한 은평구 안에서 활동하는 숲해설가들을 초빙하고 싶었다. 하지만 수업을 계획하던 3월에는 은평구청에서 숲 체험 프로그램을 개시하지 않았다. 구청 녹지과 직원에게 전화를 걸어 그동안 숲 체험 프로그램에서 활동했던 지역 활동가를 소개해 줄 수 있는지 물었지만 긍정적인 답을 듣지 못했다. 구청에서 진행하는 숲 체험 프로그램에 참여할 숲해설가들을 모집하기는 하지만 꼭 은평구 거주민에 한정하지는 않는 모양이었다. 지역에서 활동하는 숲 체험 강사 명단을 확보할 수 없어서 아쉬웠다. 그래서 '한국 숲해설가 협회'에 문의해서 함께해 주실 숲해설가들을 초빙하게 되었다.

숲해설가들과는 사전 협의회를 통해 이 '마을결합형 융합수업'의 의의와 활동 내용을 공유했다. 그들의 방식대로가 아니라 융합수업의 취지에 맞는 숲 체험이 이루어져야 했기 때문이다. 이후 숲해설가들은 향림마을과 향림근린공원을 사전 방문해서 융합수업의 의미에 맞는 숲 체험 프로그램을 구성했다.

탄소와 숲의 관계, 숲의 역할, 식물의 기능, 향림근린공원에 서식하는 다양한 식물과 곤충 탐색, 숲에서 하는 전통놀이 등으로 수업 프로그램을 구성한 숲해설가들은 '마을결합 생태전환교육의 날'에 미리 향림근린공원에 도착하여 식물의 증산작용을 확인할 수 있는 장치를 마련해 놓고 숲 체험 과정에서 학생들과 직접 확인했다.

우리 학교 3학년은 4개 학급이고 각 학급 학생 수는 20명이다. 그래서 각 학급을 2개 팀으로 나누고 각 팀에 숲해설가를 한 명씩 배정했다. 그리고 각 팀의 인솔 교사로 담임이나 부담임이 함께했기 때문에, 12명으로 구성된 8개의 팀이 함께 마을숲을 걷고 관찰하고 맛보며 학습과 휴식의 시간을 가졌다.

학생들 중에는 어릴 때 이 숲에서 뛰어놀았다는 아이들이 많았다. 대부분 이 동네에서 오래 살았기 때문이다. 학생들은 어릴 때 뛰어놀던 곳을 숲 체험과 생태학습의 장으로 활용하는 것이 신기한 모양이었다. 숲해설가의 이야기에 경청하는 모습이 진지했다. 휴식과 놀이의 마을 공간이 학습의 공간으로 재탄생되는 순간이었다.

'마을결합 생태전환교육의 날' 학생들에게 준비물로 텀블러를 가지고 오라고 했다. 5월에 3시간 동안 산을 누비면 갈증이 나기 마련일 터라 텀블러에 식수를 담아 오도록 한 것이다. 텀블러는 다회용이면 모양이나 재질에는 제약을 두지 않았다. 카페에서 판매하는 금속성 텀블러도 좋고, 플라스틱 재질의 물병도 좋다고 했다. 학생들에게 텀블러를 준비시킨 또 다른 이유는 텀블러로 음료수를 구입하는 실천을 지원하기 위해서였다.

학교 진입로에 가격이 저렴하면서도 학생들이 마시기 좋은 다양한 음료를 파는 카페가 있다. 마을결합형 융합수업을 디자인하며 이 카페를 찾아가 사장님과 협의를 진행했다. 수업의 의의를 설명하자 사장님은 흔쾌히 학교 측의 요구 사항을 들어주었다. 협의 내용은 다음과 같다.

- 쿠폰을 가지고 오면 학생들이 원하는 음료로 교환해 주기
- 단, 개인 텀블러를 가지고 와야만 음료수 제공하기

카페 음료를 학생들에게 제공하는 것은 시판 제품을 제공하는 것보다 예산이 많이 든다. 시판 음료수는 클릭 몇 번 하면 배송되기 때문에 편리하기도 하다. 사장님과 협의를 하고, 쿠폰을 만들고, 쿠폰마다 학생 학번을 적고, 학생들에게 텀블러를 가져오게 하는 일련의 과정에 비할 수 없을 것이다. 그럼에도 불구하고 이 활동을 기획한 것은 플라스틱 쓰레기 배출 없이 맛있는 음료를 먹는 경험을 학생들에게 심어주고 싶었기 때문이다.

행사가 끝난 뒤에 진행한 간단한 구두 설문에서 일부 학생은 '활동을 하기 전에는 카페 음료수를 내가 가지고 간 텀블러에 받아서 마실 수 있다는 사실을 몰랐다'고 고백했다. 학생들 대다수가 텀블러에 음료를 받을 수 있다는 사실은 알고 있었지만 경험해 본 적은 없었다고 답했다. 한 학급에서 한두 명의 학생만이 카페에서 개인용 텀블러를 활용해 본 경험이 있었다.

쿠폰에 학생들의 학번을 일련번호로 적어서 배부했고, 사장님에게는 쿠폰 번호가 적힌 표를 출력해서 드렸다. 사장님은 쿠폰을 받을 때마다 표에 체크를 해주셨다. 혹시 쿠폰을 잃어버린 학생들에게는 새 쿠폰을 발급하여 음료를 마실 수 있도록 해주었다.

숲 체험을 마치고 쿠폰을 받은 학생들은 카페로 향했다. 어떤 음료를 마실까 즐거운 고민을 하고, 자신의 텀블러에 그 음료를 받아 나왔다. 학생들의 표정은 밝았다. 플라스틱 쓰레기를 배출하지 않고 카

연천중학교 마을결합 생태 융합수업 숲체험
카페 '더함' 음료 교환 쿠폰

BRING
YOUR
OWN
BOTTLE

사용기한 2024.5.10.~5.31.
텀블러를 지참해야 음료를 받을 수 있습니다.
3,500원 이하 음료를 선택할 수 있습니다.

Ticket
Number

연천

확인

페 음료수를 테이크아웃 해서 마신다는 자부심 같은 것이 얼굴에 서려 있었다.

비용은 마을결합형 수업으로 구청에서 지원받은 예산을 활용했다. 3학년이 총 80명이라 30만 원 정도를 들여 좋은 경험을 학생들에게 선사했다고 믿는다. 탄소중립이나 기후 위기는 그 심각성을 이해하는 것 못지않게 개인의 생활 속 실천이 중요하다. 수업과 행사를 기획한 교사로서, 카페 사장님의 협조를 얻어 학생들이 실천할 수 있는 기회를 줬다는 것이 매우 뿌듯했다.

4. 탄소중립 비문학 독서 및 대화 나누기

2015 교육과정	2022 교육과정
[9국02-01] 읽기는 글에 나타난 정보와 독자의 배경지식을 활용하여 문제를 해결하는 과정임을 이해하고 글을 읽는다.	[9국02-02] 읽기 목적과 글의 구조를 고려하며 글을 효과적으로 요약한다. [9국02-03] 독자의 배경지식과 글에 나타난 정보 등을 활용하여 글에 드러나지 않은 의도나 관점을 추론하며 읽는다.

중학생이 읽기 좋은 탄소중립과 관련된 도서를 5종 선별하여 학생들에게 제시했다. 학생들의 읽기 수준이 저마다 다르기 때문에, 책을 고를 때는 초등학생용 도서부터 청소년용 도서까지 수준을 고려하는 것이 좋다.

이 책들은 모두 기후 위기 중에서도 탄소중립에 관한 내용을 중심으로 하고 있다. 《기후 위기 인간》과 《왜요, 기후가 어떤데요?》는 중학교 1학년부터 읽기 좋은 수준이다. 《기후 위기 인간》은 400쪽이 넘지만 만화로 구성되어 있어 학생들이 어렵지 않게 읽는다. 《궁금했어, 탄소중립》, 《열여섯 그레타 기후 위기에 맞서다》는 초등학교 5~6학년 정도면 읽을 수 있는 책이다. 이 중 《열여섯 그레타 기후 위기에 맞서다》는 그레타 툰베리가 환경운동가가 된 배경을 이야기 형식으로 서술한 책이다. 이야기 형식이라 비문학 도서를 집중해서 읽기 어려운 학생들이 읽으면 좋다. 《지구가 힘들다고 말해요》는 그림이 많고 설명이 적어 초등학교 3~4학년 정도의 학생들도 읽기 쉽다.

비문학 독서에 익숙하지 않은 학생들이 많아서 더 쉽게 서술되어 있는 초등학생용 책들을 찾았지만, 이 책들도 내용적인 면에서는 과학 시간에 배운 것 이상의 구체적인 정보를 상세히 다루고 있다.

지식을 습득하는 독서이기 때문에 독서의 방법으로 '전문가 독서'를 채택했다. 학생들에게 자신의 독서 수준과 흥미에 따라 한 권의 책을 선택하게 했고, 같은 책을 선택한 학생들끼리 모둠을 구성했다. 학생들은 한 챕터를 읽은 후에 독서 기록지를 작성하면서 챕터 내용에 대해 새롭게 알게 된 것, 이해가 잘 되지 않았던 것 등을 서로 이야기하는 시간을 가졌다. 그렇게 한 권을 다 읽고 나서는 다른 책을 읽은 친구들과 새로운 모둠을 꾸려서 자신이 읽은 책의 내용에 대해 '전문가가 되어'

설명해 주게 했다.

이는 직소 모형을 활용한 독서 활동 방법이다. 이 방법을 선택한 첫 번째 이유는 학생들이 책임감을 가지고 책을 꼼꼼히 읽게 하는 데 있었다. 그리고 그 내용을 설명하는 과정에서 지식의 정리가 일어나고, 다른 친구들의 설명을 들으면서는 지식의 확장과 심화가 일어날 것이라 기대했다.

실제로 학생들에게 전문가 독서의 과정에 대해서 설명한 뒤에 독서를 시작하니, 책 내용을 더 잘 이해하기 위해서 노력하는 모습을 보였다. 다른 책을 읽은 친구들과 새 모둠을 구성했을 때, 독서하며 기록한 것을 바탕으로 자신이 읽고 이해한 것을 잘 설명하기 위해 고심하는 모습이 인상적이었다.

전문가 독서 모형

| 독서 중 모둠 | 독서 후 모둠 |

독서 기록은 '핵심 내용, 핵심 내용에 대한 내 생각, 더 알고 싶은 것' 정도로 기록하게 했다. '핵심 내용' 파악이 잘 안 되는 경우에는 같은 책을 읽은 모둠 친구들의 도움을 받을 수 있다. '핵심 내용에 대한 내 생각'은 학생들이 챕터별 내용을 자기의 삶과 연관 지어 성찰해 보게 하는 역할을 한다. '더 알고 싶은 것'은 챕터 내용과 관련하여 궁금한 것을 질문함으로써 지식을 수동적으로 받아들이기만 하는 것이 아니라 능동적으로 확대해 나갈 수 있도록 했다. 실제로 이 단계에서 질문한 내용이 다음 챕터에서 설명되는 경우도 있었고, 다른 책을 읽은 친구들의 책 설명을 들을 때 해결되는 경우도 있었다.

독서 기록 실제 사례

날짜	4월 19일	챕터명(쪽수)	온실가스(55~62쪽)
핵심 내용	<td colspan="3">• 탄소 저감(=기후 중립?): 온실가스 배출을 하지 않는 방법 • 온실가스의 원인, 해결책 선진국들이 더 잘살기 위해 온실가스를 계속 사용함. 화석연료를 많이 사용하게 되면 온실가스가 생겨날 수밖에 없음. 그래서 전기는 재생에너지(태양광, 풍력, 수력 등)를 활용해 만들려고 노력하고 있음. 차량 역시 전기차, 수소차로 대체. 식생활도 채식을 하거나 대체육을 먹는 방안 – 온실가스를 포집해 땅속이나 해저 깊은 곳에 저장 – 산림이나 바다에서 온실가스를 흡수 • 문제점 – 시민들의 불안감</td>
핵심 내용에 대한 내 생각	<td colspan="3">• 우리가 살면서 사용하는 모든 것이 온실가스를 사용하고 있는 것이었고, 다시 되돌리기엔 엄청나게 많은 관심과 노력이 필요하다는 걸 알게 됨. • 평소에 나름 지구온난화를 신경 쓴다고 가까운 거리는 자전거를 타고 다녔는데, 자전거를 만들면서도 온실가스를 배출한다는 생각은 한 번도 해 보지 않아서 머리를 얻어맞은 기분이었음. • 재생에너지에 대한 배경지식 덕분에 내용을 이해하기 쉬웠음.</td>

평소 비문학 독서는 학생들에게 쉬운 과제가 아니다. 하지만 학생들은 이번 독서를 그리 어려워하지 않았다. 과학 시간에 수업을 통해서 탄소중립과 기후 위기에 대해 학습한 결과가 배경지식이 되어 내용 이해를 도왔기 때문이다. 그리고 친구들과의 대화와 전문가가 되어 설명하고 설명을 듣는 과정에서 깊이 있는 이해가 일어났기 때문일 것이다.

5. 탄소중립에 대해 토론하기

2015 교육과정	2022 교육과정
[9국01-05] 토론에서 타당한 근거를 들어 논박한다. [9국01-07] 여러 사람 앞에서 말할 때 부딪히는 어려움에 효과적으로 대처한다.	[9국01-08] 토론에서 반론을 고려하여 타당한 논증을 구성하고 논리적으로 반박한다. [9국01-11] 듣기·말하기 과정을 점검하고 듣기·말하기의 어려움을 효과적으로 조정한다.

토론은 학교 현장에서 꼭 필요한 학습 과정이다. 올바른 토론문화 확립은 학생들의 민주시민성 향상에 도움이 된다. 자신의 입장을 분명히 정하고, 구체적이고 객관적인 자료를 활용하여 주장을 펼치는 과정은 합리적이고 논리적인 문제 해결력을 키워준다.

이번 마을결합형 융합수업에서의 쟁점토론은 교과서에서 제시된 '입론 – 반론 – 재반론 – 최종 발언'의 순서를 따르기로 했다. 또 재반론에서 교차질문을 활용하여 학생들이 쟁점에 대해서 충분히 논박할 수 있도록 했다.

토론의 준비 과정에서 여러 가지 생성형 인공지능 가운데 ChatGPT를 활용했다. ChatGPT를 '토론 주제 생성하기, 토론 근거 마련하기, 모의토론 연습하기' 같은 활동에 활용하기 위해 다음과 같은 교육을 먼저 진행했다.

• ChatGPT는 기존의 데이터를 바탕으로 비교 학습을 통해 새로운 결과물

을 만들어내는 인공지능임 → 나의 질문이나 의견도 ChatGPT가 정보로 활용할 수 있으므로 개인정보 등을 ChatGPT에 노출해서는 안 됨.

- ChatGPT가 많은 정보를 보유하고 있기는 하지만 정보에 오류가 있거나 왜곡된 정보를 제시하는 경우도 있음 → ChatGPT에서 자료를 검색할 때는 공식 링크를 함께 요청하여 내용을 확인하거나, ChatGPT가 링크를 제공하지 않으면 ChatGPT의 검색 내용을 구글링하여 내용의 진위 여부를 체크해야 함.

- ChatGPT는 좋은 질문에 좋은 대답을 내놓는 생성형 AI임 → 원하는 답을 얻기 위해서는 질문 상황을 구체적으로 제시하는 것이 필요함.

교과서를 통해 토론의 절차와 특징을 학습한 후 ChatGPT와 학생들(학급 전체) 간 논의를 통해 논제를 선정했다. 탄소중립이라는 대주제 안에서 학생들의 실생활과 연결된 주제를 ChatGPT에 요구했다. 학생들은 '토론 주제', '탄소중립' 등 포괄적이고 추상적인 명령어를 제시했다. 그러다 보니 ChatGPT가 제시하는 논제도 당위성이 강한 논제가 대부분이었다. 예를 들어, '정부는 대체에너지 개발에 힘써야 한다.' 같은 논제에 반대 의견을 제시할 사람은 없을 것이다. 학생들은 찬성과 반대가 맞서는 쟁점토론을 할 예정이므로 당위적인 가치명제보다는 긍정적인 측면과 부정적인 측면을 모두 조망할 수 있는 정책명제가 더 적합하다.

중학생들이 탄소중립에 대한 찬반토론을 진행하려고 합니다. 중학생들에게 적합한 토론 주제를 4가지 선정해 주되, '~해야 한다'로 서술해 주세요

◉ 중학생들에게 적합한 탄소중립에 대한 토론 주제는 다음과 같습니다.
1. 지속 가능한 에너지 사용을 위해 탄소 배출을 줄여야 한다.
2. 미래 세대를 위해 재생에너지로의 전환을 촉진해야 한다.
3. 탄소중립을 위해 자동차 및 대중교통의 전기차 전환을 촉진해야 한다.
4. 산업부터 개인까지 모두가 탄소중립을 위해 노력해야 한다.

찬성과 반대 쟁점이 불분명하니 쟁점이 분명한 주제로 다시 제시해 주세요

◉ 알겠습니다. 중학생들에게 적합한 탄소중립에 대한 토론 주제는 다음과 같습니다.
1. 전기차 보조금을 늘려야 한다.
2. 탄소 배출을 제한하는 법을 시행해야 한다.
3. 재생에너지 발전을 촉진하기 위해 정부가 지원해야 한다.
4. 학교에서 환경보호 교육을 강화해야 한다.

2번 주제를 구체화해서 제시해 주세요

◉ 알겠습니다. 탄소 배출을 제한하는 법을 시행하기 위한 구체적인 주제는 다음과 같을 수 있습니다.
"자동차 탄소 배출 기준을 강화하여 대기오염을 줄이기 위해 법률을 개정해야 한다."

이 주제를 중학생들의 생활과 밀접한 것으로 바꾸어주세요

◉ 알겠습니다. 중학생들의 생활과 밀접한 주제로 변경해 보겠습니다.
"학교에서 사용하는 일회용 플라스틱 사용을 줄이기 위해 법률을 제정해야 한다."

중학교에서 탄소중립을 실천할 수 있는 내용의 토론 주제를 하나 더 생성해 주세요

◉ 알겠습니다. 중학교에서 탄소중립을 실천할 수 있는 내용의 토론 주제는 다음과 같

을 수 있습니다.
"학교에서 채식 식단을 도입하여 탄소 배출을 줄이는 노력을 해야 한다."

고맙습니다. 마음에 드는 적합한 토론 주제를 만났습니다

⊕ 정말 좋아요! 토론이 재미있고 유익한 경험이 되길 바랍니다. 언제든지 도움이 필요
하시면 말씀해 주세요!

학생들과 논의하여 '중학교 3학년', '정책논제', '탄소중립', '실생활
문제' 등의 핵심어를 활용하여 명령어를 입력했다. 이제 학생들이 토론
할 만한 논제가 몇 가지 산출되었다. 학생들은 생성형 AI를 이용할 때
명령어에 따라 산출 값이 다르다는 것을 목격하며 정확하고 구체적인
명령어 입력의 중요성을 느꼈다.

이 중에서 학생들이 토론할 만한 논제를 선정하거나 약간의 수정
을 통해 새로운 논제를 만들기도 했다. 명령어가 비슷하니 각 학급에서
도출한 토론 논제도 비슷했다. 아래의 세 가지가 각 학급에서 나온 논
제를 모두 정리한 것이다.

- 탄소중립을 위해 개인에게 탄소세를 부과해야 한다.
- 탄소중립을 위해 학교 급식을 채식으로 제공해야 한다.
- 탄소중립을 위해 학교에서 플라스틱 사용을 금지해야 한다.

먼저 학급별로 2개의 논제를 선정하고, 학생들은 개인의 관심도
에 따라 학급 논제 2개 중 하나를 선택했다. 우리 학교는 학급별 인원이

20명이어서 한 학급을 각 10명씩 두 팀으로 나누고, 각 팀은 다시 찬성 5명, 반대 5명으로 나누었다.

한 학급(20명)			
논제 A팀(10명)		논제 B팀(10명)	
찬성(5명)	반대(5명)	찬성(5명)	반대(5명)
입론(3분, 1명) 반론(3분, 1명) 재반론(5분, 2명) 최종 변론(3분, 1명)	입론(3분, 1명) 반론(3분, 1명) 재반론(5분, 2명) 최종 변론(3분, 1명)	입론(3분, 1명) 반론(3분, 1명) 재반론(5분, 2명) 최종 변론(3분, 1명)	입론(3분, 1명) 반론(3분, 1명) 재반론(5분, 2명) 최종 변론(3분, 1명)

학생들은 선택한 논제에 대해 쟁점을 파악하고, 쟁점별로 찬성과 반대의 근거를 모두 찾았다. 이렇게 찬성과 반대의 근거를 찾아 전체적인 논리를 익힌 다음에 찬성과 반대로 나누었다. 찬성과 반대를 늦게 나눈 이유는 논제에 대한 다각도의 시선을 갖추어야 토론에서 논박이 원활히 일어나기 때문이다. 또한 토론은 말로써 상대를 이기려고 하기 이전에 자신의 논리를 탄탄하게 하고 논제에 대해 정확한 시각을 갖추는 것이 더 중요하기 때문이다.

ChatGPT를 활용하여 쟁점별로 찬성과 반대 근거 수집하기

쟁점 – 채식이 탄소 발생을 감소시키는가?		
자료 번호 1	자료 출처	《왜요, 기후가 어떤데요?》
	내용	**(축산업을 위해 사용되는 곡물)** 축산업에서 발생하는 온실가스는 전체 온실가스 배출량의 30%가 넘고, 지구에서 생산하는 곡물 3분의 1을 가축 사료로 쓰고 있어 곡물을 재배하기 위해서 많은 자원이 소모되고 있다.
	자료 활용 방안	찬성 측

자료 번호 2	자료 출처	벌채·산불로 고통받는 '지구의 허파' 아마존
	내용	**(축산업을 위해서 희생되는 생태계)** 아마존 화재는 건조함으로 인한 자연재해가 아닌, 주로 고의에 의해 발생한다. 농업 및 소 사육을 위해 목초지를 개간하면서 사용하는 불로 인해 화재 발생 건수가 2022년 5월 한 달 동안에만 아마존 열대우림에서 2287건이었다. 아마조나스 주에 속한 마나우스에서는 화재가 많이 발생하는 8~9월이 되면 매캐한 산불 연기가 도시 전체를 뒤덮고, 많은 시민들은 두통을 호소한다. 산불로 인해 강물이 마르고 물고기는 죽어가며, 자연에 기대어 살아가는 주민들의 삶의 터전은 없어지고 죽음의 땅이 되어가고 있다.
	자료 활용 방안	찬성 측
자료 번호 3	자료 출처	[일다] 채식은 기후 위기의 대안일까?
	내용	**(채식이 환경에 이로울까?)** 채식이 무조건 환경에 좋은 것은 아니다. 채식도 화전농업과 운송을 통해 탄소를 배출한다. 운송업이 축산업보다 온실가스 배출량이 더 높다. 따라서 채식 식단을 하더라도 탄소 배출량을 많이 줄이지 못한다.
	자료 활용 방안	반대 측

    쟁점별로 찬성과 반대의 근거 자료를 모두 찾은 뒤에는 조별로 찬성과 반대를 뽑기로 결정하고 본격적인 토론 준비에 들어갔다. 토론 준비와 연습은 실제 토론 순서에 따라 진행되었다.

토론 준비 과정

입론 계획 세우기 → 상대측 입론 예상하기 → 상대측에게 제기할 반론 고민하기 → 상대측이 우리에게 제기할 반론 예상하기 → 상대측의 반론에 대해 재반론 고민하기 → 최종 발언 준비하기

    쟁점별로 근거 자료를 수집한 뒤에는 우리 팀의 주장에 대한 상대

팀의 반론을 생각해 보게 했다. 그 반론에 대해 우리 팀은 어떻게 재반론할 것인가를 생각하여 그 내용들을 정리하게 했다.

또한 상대 팀의 주장을 예상해 보고, 우리 팀에서는 어떤 반론을 제기할 수 있는지 생각해 보게 했다. 그리고 우리 팀의 반론에 대해서 상대 팀의 재반론도 예상하며 최종 발언을 어떻게 정리해야 할지도 고민하도록 했다.

이렇게 근거와 예상 반론들을 정리했지만, 토론을 하기에 완벽한 준비가 된 것은 아니다. 토론은 듣기·말하기 영역이기 때문에 글과 그림으로 된 근거를 많이 모으는 것만으로 토론 준비가 잘되었다고 볼 수 없다. 토론은 우리의 예상대로만 흘러가지 않기 때문이다. 내가 준비한 근거 자료를 잘 활용하지 못할 수도 있고, 상대방의 반론이 우리의 예상을 뛰어넘는 것일 수도 있다. 순발력도 필요하고 긴장하지 않는 담대함도 필요하다.

그래서 선택한 것이 ChatGPT와의 토론 연습이었다. 상대 팀과 모의토론을 직접 해보면 좋겠지만, 그럴 경우 우리 팀의 전략이 그대로 드러나기 때문에 그럴 수는 없었다.

먼저 ChatGPT에 논제를 제시한 후 입장을 구분하고 모의토론을 실시했다.

우리 팀에서 모은 자료를 토론에 어떻게 활용할지는 학생들에게 ChatGPT를 활용하여 자신의 역할에 맞는 토론 연습을 하도록 안내했다. 학생들은 ChatGPT에 논제를 제시하고 찬반토론을 진행하자고 제안했다. 그리고 입론을 맡은 학생부터 자신의 역할을 실천해 보았다. 학생들은 ChatGPT를 통해 실제 토론을 하는 것처럼 연습하면서 자신의 팀이 잘하고 있는 것과 부족한 부분을 구분하여 보완할 수 있었다.

지금부터 당신과 '탄소중립을 위해 학교 급식에서 채식 식단을 제공해야 한다.'라는 논제로 토론하고자 합니다. 우리가 찬성 팀이고 당신은 반대 팀입니다. 찬성 먼저 입론하면 당신이 반론을 제기해 주세요. 그러면 우리가 그 반론에 재반론을 제기하겠습니다.

ChatGPT와 모의토론 하기

과학 수업 후 관련 독서를 진행했고, 그 이후 6차시의 시간을 들여 토론을 준비하고 연습해 온 덕에 학생들은 풍부하고 객관적인 근거를 활용하여 논리적으로 발언했다. 찬성 팀과 반대 팀이 서로 마주 보도록 자리를 배치하고, 마이크를 준비해서 발언 내용이 크고 분명하게 전달될 수 있도록 했다. 역할에 따른 학생들의 발언 내용을 평가했기 때문에 모든 토론을 녹화했다. 토론 때 놓친 부분은 영상을 통해 재확인해야 하기 때문이다.

쟁점 있는 토론하기

한 팀이 토론할 때 다른 팀은 배심원이 되어 토론을 경청했다. 경청 활동지에 토론을 진행하는 팀들의 신뢰성, 타당성, 공정성의 세 영역을 평가하게 했다. 배심원으로 토론을 참관하면서 학생들은 토론을 객관적으로 듣고 분석하고 판단할 수 있었다. 본인이 토론에 참여할 때는 떨려서 보이지 않고 들리지 않을 수 있지만, 배심원이 되면 객관적으로 바라볼 수 있기 때문이다.

배심원들은 다음의 세 영역에 대해 찬성 팀과 반대 팀을 평가했다. 각 항목을 3점 만점으로 평가하고 간단한 이유를 작성하도록 했다.

• **신뢰성**: 근거가 객관적이고 믿을 만한가?

- **타당성**: 말의 내용이 이치에 맞는가?
- **공정성**: 내용이 공평하고 정의로운가?

논제 – 탄소중립을 실현하기 위해서 학교 급식으로 채식 식단을 제공해야 한다.

	평가 항목	점수	이유
찬성 팀	신뢰성: 근거가 객관적이고 믿을 만한가?	2	소 도축 과정에서 14.5%에 달하는 탄소가 발생한다는 등, 수치를 활용해 객관적인 사실을 제시해 주었다. 하지만 자료가 반대 팀보다 상대적으로 적고 전달력이 부족했다. 또한 반복되는 근거가 많았다.
	타당성: 말의 내용이 이치에 맞는가?	2	채식 식단은 하루 탄소량을 3.25% 감축시킨다. '채식 식단은 이러이러해서 건강에 좋다.' 같이 (특히 입론에서) 많은 자료를 이치에 맞게 이용했다.
	공정성: 내용이 공평하고 정의로운가?	2	채식 식단은 탄소 감축을 실현해서 장기적으로 많은 사람에게 이익을 줄 수 있다는 내용을 잘 설명해 주었다. 하지만 개인의 자유를 침범할 수 있는데, 그 부분에 대해 제대로 반박하지 못한 것 같아 아쉬웠다.
반대 팀	신뢰성: 근거가 객관적이고 믿을 만한가?	3	학교급식법, 런던대 연구소, 국민 여론, 웨어러블 마스크 등 믿을 만하고 객관적이며 색다른 근거를 제시해 주었기 때문이다.
	타당성: 말의 내용이 이치에 맞는가?	3	이치에 합당한 타당하고 다양한 근거를 통해 주장을 효과적으로 뒷받침했기 때문이다.
	공정성: 내용이 공평하고 정의로운가?	3	학교 급식에 채식 식단을 도입하는 것은 개인의 자유를 침범하는 것이라고, 법 등의 믿을 만하고 타당한 근거를 활용해 잘 뒷받침해 주었다.
	판정하기	**팀**	**이유**
배심원 숙의	설득력 있는 팀은?	반대 팀	주장에 대해 다양하고 근거 있는 자료로 잘 뒷받침했다.

토론이 끝나면 배심원들끼리 모여 숙의 과정을 거쳐 판정을 내렸다. 배심원들은 찬성과 반대 중 어떤 팀이 더 논리적이며 타당하게 토론을 이끌어 나갔는지 논의하여 그 결과를 발표했다.

배심원 숙의 과정

국어과에서 진행하는 '쟁점이 있는 토론'은 다른 교과 교사들의 관심 대상이다. 특히 같이 융합수업을 실천하고 있는 교사들이 아이들의 토론을 정말 궁금해했다. 그래서 토론 수업은 교내외 공개로 진행했다. 4개 학급이 각 2번씩 토론을 했기 때문에 총 8회에 걸친 공개수업이었다. 학생들에게는 토론을 준비하는 과정에서부터 "토론은 공개적인 말하기이기 때문에 청중이 필요하다"고 설명했다. 학생들은 청중이 있다는 것에 긴장하기도 했지만, 청중이 있기 때문에 더 열심히 잘하기도 했다.

여덟 번의 공개수업 중에 한 번은 교육지원청의 네트워크 장학 지구의 국어 교사들이 대거 참관했다. 학생들은 몹시 긴장했으나 무척 잘 해 주었다.

수업을 참관한 교사들은 진지한 태도로 토론에 임하는 학생들을 칭찬해 주었다. 특히 외부에서 참관을 온 교사들은 우리 학교 학생들의 높은 수준에 무척 놀랐다고 했다. 아이들이 원래 잘한다기보다는 주제의 중요도를 인식하고 열심히 참여했기 때문에 나타난 결과라고 생각한다.

6. 토론을 바탕으로 주장하는 글쓰기

2015 교육과정	2022 교육과정
[9국03-01] 쓰기는 주제, 목적, 독자, 매체 등을 고려한 문제 해결 과정임을 이해하고 글을 쓴다. [9국03-04] 주장하는 내용에 맞게 타당한 근거를 들어 글을 쓴다. [9국03-10] 쓰기 윤리를 지키며 글을 쓰는 태도를 지닌다.	[9국03-04] 의견 차이가 있는 사안에 대해 자료를 수집하고 사회·문화적 맥락을 고려하며 주장하는 글을 쓴다. [9국03-07] 복합양식 자료를 활용하여 내용을 생성하고 글의 유형을 고려하여 내용을 조직하며 글을 쓴다. [9국03-09] 언어 공동체의 구성원인 필자로서 자신에 대해 성찰하며, 윤리적 소통 문화를 형성하는 데에 기여한다.

독서와 토론을 경험한 학생들은 논제에 대해 입장도 분명하고 명확한 근거도 이미 다수 확보한 상태이다. 토론은 그 자체가 목적이 되기도 하지만, 우리가 처한 문제를 분명히 인식하고 그 문제에 대한 타당한 답을 찾아가는 과정으로써 의미가 있다. 토론을 경험한 후 주장하는 글을 써서 학생들이 자기 생각을 근거로 뒷받침하게 하면 논리력과 설득력을 강화할 수 있다. 상대측의 주장과 근거도 수용한 상태이기 때문에 더 풍부한 견해를 제시할 수도 있다.

먼저 개요 작성을 통해 입장과 근거를 결정하고, 어떤 흐름으로 글을 쓸 것인지 계획했다. 토론 준비 활동지와 전문가 독서의 대상 도서만 참고해도 내용을 채울 수 있다. 그래서 주장하는 글을 쓸 때는 다른 글을 쓸 때보다 비교적 짧은 시간이 소요되었다. 자기의 입장을 결정하고 개요를 짜는 데 1시간, 고쳐 쓰는 데 1시간이면 충분하다.

1. 주장하는 글을 쓰기 위해 핵심 내용 작성하기

주제	
근거 1과 자료	• 근거 1: • 자료
근거 2와 자료	• 근거 2: • 자료
근거 3과 자료	• 근거 3: • 자료

2. 1의 내용을 바탕으로 개요 작성하기

제목	
서론 (　　문단)	
본론 (　　문단)	
결론 (　　문단)	

주장하는 글은 구글 클래스룸의 구글 문서로 작성하여 주장을 뒷받침할 만한 이미지 자료도 활용할 수 있게 했다. 2022 개정 교육과정

에서는 '복합양식'을 활용한 글쓰기를 강조하고 있다. 복합양식은 소리, 음성, 이미지, 문자, 동영상 등의 다양한 기호가 어우러져 의미를 만들어내는 특성을 지닌다. 즉 하나의 텍스트 안에 여러 가지 의미 전달 방식을 복합적으로 활용하는 것이다. 글쓰기에서는 글의 내용을 뒷받침할 수 있는 영상, 음악, 그래프, 사진 등의 자료를 활용하여 글의 의미와 주제를 더 부각할 수 있다.

글쓰기 윤리와 관련해서 학생들에게 글을 쓸 때 반드시 참고 자료 목록을 구성하게 했다. 그리고 다른 사람의 글 내용을 인용할 때는 반드시 누구의 글인지를 글 속에 언급하라고 강조했다. 요즘은 복사해서 붙이는 것이 너무나 쉬운 시대다. ChatGPT를 활용할 수는 있지만 ChatGPT의 글을 나의 글이라고 해서는 안 되는데, 그 개념과 경계가 심각하게 무너지고 있다.

이런 우려 때문에 디지털 디바이스를 활용하여 글을 쓸 때는 '학생 장치관리 소프트웨어'를 사용하고 있다. 학생 장치관리 프로그램으로 유클래스나 포커스팡 같은 앱이나 구글 클래스룸 등이 있다. 이런 프로그램을 통해 학생들 장치를 한 눈에 살펴보고 제어할 수 있다. 교사가 허용하지 않은 프로그램을 활용하는 경우 그 학생의 디바이스를 잠글 수 있고, 학생들이 작업을 멈추고 교사의 설명을 들어야 하면 학생의 모든 기기를 멈추게 할 수 있다. 특정 학생의 활동을 집중적으로 관찰할 수도 있다. 이때 교사의 디바이스가 큰 모니터와 연결되어 있다면, 학생 화면을 공유하며 공통의 피드백을 제공해 줄 수도 있다.

이런 소프트웨어 활용이 어려운 상황이라면 물리적으로 학생들의 기기를 관찰하는 방법을 쓸 수 있다. 학생들의 책상을 모두 돌리게 하거나, 교사가 교실 앞이 아니라 뒤쪽으로 이동하여 학생들의 모니터를 눈으로 관찰하는 것이다. 이 수업의 경우 토론 준비 활동지와 개요 활동지에 모든 정보가 있으므로, 이 두 종류의 활동지만 책상 위에 꺼내 놓게 한다. 그리고 모니터에는 글을 쓰는 활동지만 열어두도록 한다. 그런 다음, 글을 완성한 후에 활용하고 싶은 복합양식을 선정할 시간을 5분 정도 갖게 한다.

그리고 참고 자료를 쓰는 방식을 알려주고 꼭 기록하게 하는 것도 필요하다.

매체	출처 표기 방법
책	저자, 책 이름, 출판사, 발행연도, 인용한 페이지. (예) 윤수란, 《플랫폼 Z》, 서유재, 2024, 28쪽.
신문 기사	기자 이름, 기사 제목, 신문 이름, 날짜. (예) 박광연 기자, 〈'공공자가주택' 도입 급물살〉, 경향일보, 2020.12.8.
사전	찾은 단어, 사전 이름, 출판사, 출판연도. (예) 방긋, 《백과사전》, 삼성출판사, 2020.
인터넷 사이트 (블로그, 카페)	저자명, 글 제목, 블로그명/카페명, 게시일자. (예) 제이, 〈출처 표기법〉, 논문 연구하는 블로그, 2020.12.9.

다음은 학생이 쓴 글이다. 논제를 충분히 이해하고 근거 자료를 활용해서 설득력 있는 발언을 한 학생이다. 본론 1과 본론 2의 위치를 바꾸었다면 흐름이 더 좋은 글이 되었을 것 같지만, 주제를 분명히 하고 그것에 대한 객관적인 자료를 근거로 활용한 논리적인 글이라 생각한다.

개인에게 탄소세를 부과해야 하는 이유가 있을까?

3학년 ○반 ○번 이름: 박○○

탄소세란 각종 화석연료 사용으로 인해 배출하는 탄소의 양에 따라 세금을 내는 제도를 뜻합니다. 탄소 배출로 인해 지구온난화가 심각해진 요즘, 이러한 탄소세를 도입해야 한다는 말이 많이 나오고 있습니다. 그렇다면 탄소세를 도입해야 하는 이유가 무엇일까요?

우선 탄소세를 가장 먼저 도입한 나라는 핀란드로, 핀란드는 1990년 1월부터 탄소세를 도입해 왔습니다. 핀란드 환경연구소의 조사에 따르면 탄소세를 도입하고 나서 개인의 탄소 배출량이 감소한 것으로 결과가 나왔습니다. 아래 그래프에서 빨간색 부분이 오일 사용, 전기 난방, 지역 난방 등의 분야로, 개인의 탄소 배출 부분을 알려주고 있습니다. 이처럼 탄소세를 도입했을 경우 개인의 탄소 배출량이 감소할 것입니다.

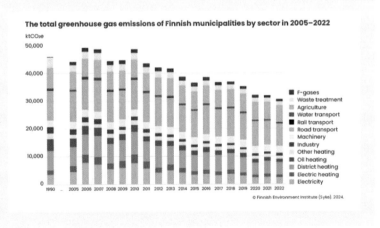

다음으로 《지구가 힘들다고 말해요》라는 책에서 "개인은 소비 패턴, 생활 습관 등을 통해 탄소 배출에 기여하고 있다."라고 말합니다. 개인은 자신의 선택으로 인해 탄소를 배출하고 있으니,

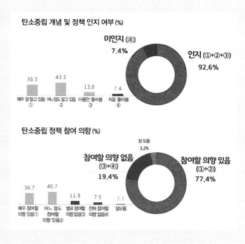

탄소중립 개념 및 정책 인지 여부 (%)

미인지 (④)
7.4%

인지 (①+②+③)
92.6%

36.3 / 43.3 / 13.0 / 7.4

매우 잘알고 있음 ① / 어느정도 알고 있음 ② / 이름만 들어봄 ③ / 처음 들어봄 ④

탄소중립 정책 참여 의향 (%)

잘모름
3.2%

참여할 의향 없음 (③+④)
19.4%

참여할 의향 있음 (①+②)
77.4%

36.7 / 40.7 / 11.9 / 7.5 / 3.2

매우 참여할 의향 있음① / 어느 정도 참여할 의향 있음② / 별로 참여할 의향 없음③ / 전혀 참여할 의향 없음④ / 잘모름

그 선택에 대한 책임을 져야 합니다. 또한 전기신문의 설문 조사 결과에 따르면, 탄소 배출의 심각성에 대해 국민들 92.6%가 인지하고 있다고 합니다. 정부의 탄소중립 정책에 참여할 의향이 있는 사람도 77.4%로, 많은 사람들이 각자의 탄소 배출에 대한 책임을 가지고 있고 탄소중립 실현을 위한 정책인 탄소세에 참여할 의향이 있다고 볼 수 있습니다.

마지막으로 탄소세를 도입할 시 탄소세의 수입으로 저소득층을 지원해 주거나 재생에너지 개발에 지원을 해줄 수 있습니다. 브리티시 컬럼비아 공식 홈페이지에 따르면, 캐나다는 탄소세로 산출된 세금의 일부를 저소득층에게 지원해 줘서 탄소세의 부담감을 줄여주는 tax credit 제도를 실천하고 있습니다. 이처럼 우리나라도 탄소세 정책을 도입했을 때 tax credit 제도를 함께 시행하면 탄소세에 대한 부담을 어느 정도 줄여줄 수 있을 것입니다. 또한 탄소세의 일부를

재생에너지 개발에 지원해 준다면 화석연료 대신에 탄소를 더 적게 배출하는 재생에너지를 개발하고 보편화하는 데 도움이 되어 탄소 중립 실현에 한 발자국 더 가까워질 것입니다.

위와 같이 개인에게 탄소세를 부과하는 정책을 도입한다면 탄소 배출 감축, 재생에너지 개발에 도움을 주는 등 지구온난화를 해결하는 데에 많은 도움이 될 것입니다. 탄소세는 개인에게 부과하는 것이지만 개인의 노력뿐만 아니라 정부의 노력도 많이 필요한 정책입니다. 지구온난화는 어느 한쪽의 문제만이 아닌 모두의 문제이기에, 개인이나 기업, 정부 모두의 노력이 필요합니다. 기후 위기가 심각해진 요즘, 모두가 힘을 합해 이 문제를 극복해 나가야 한다고 말하고 싶습니다.

〈참고 자료〉
1. 김영식, 《지구가 힘들다고 말해요》, 휴앤스토리, 2022.
2. 핀란드 환경연구소, 〈Corrected press release: Municipal climate emissions down 38 percent from peak years of 2000s.(sttinfo.fi)〉, 핀란드 환경연구소 홈페이지, 2024년 6월 7일.
3. 윤병효, 〈'탄소중립' 대국민 인식 여론조사, 국민 77.4% '탄소중립 참여하겠다' 강한 의지〉, 전기신문, 2022년 1월 1일.
4. 브리티시 컬럼비아, 〈British Columbia's Carbon Tax〉, 브리티시 컬럼비아 공식 홈페이지, 2024년 4월 2일.

7. 마을에서 작품 전시하기

2015 교육과정	2022 교육과정
[9미03-04] 미술 작품, 관람자, 전시 장소 등의 특징을 고려하여 다양한 방식의 전시를 기획할 수 있다. (미술) [9국01-06] 청중의 관심과 요구를 고려하여 말한다. (국어)	[9미03-04] 미술의 다원성에 대한 존중을 바탕으로 미술 감상 경험을 삶과 연결하고 공동체 문화에 기여할 수 있다. (미술) [9국01-06] 다양한 자료를 재구성하여 내용을 체계적으로 조직하고 청중이 이해하기 쉽게 발표한다. (국어)

한 아이를 키우기 위해서는 마을 하나가 필요하다는 말처럼, 아이들은 마을 안에서 여러 가지를 배우며 성장한다. 누군가가 교육적인 목적을 가지고 의도적으로 '가르침'을 주려고 해서 일어나는 성장은 아니다. 아침에 교통정리를 해주시는 어르신들의 봉사를 경험하며 봉사하는 삶의 가치를 깨닫게 된다. 지역 상점에서 주민들이 파는 물건과 가격을 통해서도 아이들은 자본주의 경제 체제를 배우고, 경영과 마케팅도 배울 수 있다.

이 수업을 시작하면서 창의적 체험활동으로 학교 근처 숲에서 숲체험을 경험했다. 어릴 적 놀이의 공간으로 숲을 기억하던 학생들은 과학 교과의 지식뿐 아니라 우리 삶의 많은 부분과 연결되어 있는 숲의 가치를 깨닫게 되었다.

이 수업을 기획하면서 마을숲에서 체험하는 것과 함께 우리가 마을에서 배운 것을 마을에 환원하는 것을 목표로 설정했다. 이는 미술 시간에 창작한 탄소중립 포토콜라주 작품을 마을에 전시하는 것으로 구체화되었다.

학생들의 주장하는 글도 함께 전시하고 싶었지만 긴 호흡의 글을 제시하는 방법과 그것의 효용성에 의문이 생겼다. 그래서 학생들이 콜라주 작품을 전시하되 이 마을결합형 융합수업의 과정과 내용, 수업 과정 중에 느낀 것들을 설명하면 좋겠다는 의견을 모았다.

작품 전시는 학생들이 숲 체험을 했던 학교 뒷산에서 진행하고 싶었으나 시기적으로 비가 잦은 장마철이라 작품 훼손에 대한 염려가 컸다. 학생들의 작품이 비에 젖으면 낭패였다. 그렇다고 탄소중립을 대주제로 한 수업의 결과물 전시를 위해 비닐로 감싸거나 코팅을 해서 플라스틱 쓰레기를 배출하는 것이 마음에 걸렸다.

고민하던 중에 학교 바로 아래에(도보 5분 거리) 위치한 지역주민센터와 협의를 하게 되었다. 주민센터에 전화를 걸어 이웃 학교 학생들의 작품 전시에 대해 논의를 하고 싶다고 하자 담당 직원을 연결해 주었다. '주민자치회' 관련 담당자였다. 업무 담당자는 주민자치 공간을 활성화할 필요성을 느끼고 있던 차였는지, 학생들의 작품 전시 제안을 흔쾌히 받아들였다.

통화 중에 주민자치 공간이 있다는 이야기를 듣고 주민센터에 방문해 보았다. 주민센터 2층에 자리한 주민자치 공간은 학생들의 작품을 전시하기에 좋았다. 바로 앞에 작은 카페도 있었는데, 하교 시간에 지역 학부모들이 초등학생 자녀들과 많이 찾는다고 했다. 우리가 배운 것을 마을에 되돌려주자는 목적에 딱 부합하는 곳이었다.

하지만 학생들은 전시 공간에 상주하며 마을결합형 융합수업의 과정과 결과물에 대해 설명을 할 수가 없었다. 그래서 작품 아래 부착하는 작품 소개서에 수업과 작품에 대한 설명을 녹음해서 QR코드로 제시하기로 했다.

　일부 학생은 자신의 목소리로 녹음했으나 대부분의 학생들은 자신의 목소리로 녹음하는 것을 어색해했다. 그래서 '클로바더빙'을 활용했다. 학생들은 '4월 중순부터 어떤 수업을 해왔고, 탄소중립 콜라주 작품으로는 무엇을 표현하고 싶었는지, 그리고 융합수업 전체를 통해 무엇을 깨달았는지' 등을 짧은 원고로 작성했다. 작품을 감상하는 분들에게 드리는 당부 등을 포함한 학생도 있었다. 그리고 그것을 클로바더빙을 활용해서 AI 성우의 목소리로 녹음했다. 녹음 파일을 자신의 구글 드라이브에 올리고 그 링크를 QR코드로 제시한 것이다.

　작품 안내 QR코드를 모든 작품에 부착했다. 관람객들은 휴대폰을 이용해서 작가(학생)의 작품 해설을 접할 수 있었다. 학생들은 수업을 듣는 중에도 직접 도슨트가 되어 작품 해설을 할 수 있었다. 전시 공간에 상주할 수 없는 상황을 기술을 활용해서 극복한 것이다.

　기역(ㄱ) 자로 연결된 유리벽이라 미술 선생님과 전시 방법을 고민했다. 실리콘 테이프를 이용해서 끈을 달고 거기에 나무집게를 이용해서 콜라주 작품을 달았다.

　학생들의 작품 전시에 대해서 학부모들께 안내 문자를 발송했다. 마을에 오고 가면서 학생들의 수업 결과물을 공유하고자 했다. 학부모들은 교육 당사자이기도 하지만 마을 주민이기도 하기 때문에 학생들의 교육 결과물 환원의 대상이 되기도 한다.

　일부 학생들은 부모님과 함께 전시 공간을 방문했다고 전했다. 부모님들이 낮에 따로 전시를 관람하고 인증샷을 찍어 오셨다고 말하는

학생들도 있었다.

전시 공간 옆에는 보드, 포스트잇 그리고 펜을 준비해 두었다. 관람
객들이 작품을 감상한 뒤에 학생들에게 전하고 싶은 응원의 말과 감상
평 등을 적어주었다. 우리 학교 학생들의 메시지도 있었고 부모님의 메
시지도 있었다. 주민센터를 방문한 지역 주민의 진솔한 응원도 많이 적
혀 있었다.

관람객들이 적은 응원의 글

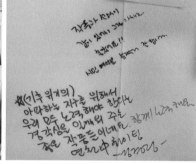

학생들에게 주된 학습 공간은 학교다. 학교에서 배우고, 배운 것을 학교에서 나누는 경험을 일상적으로 하고 있다. 탄소중립 포토콜라주 작품 전시를 학교가 아닌 주민센터에서 진행하면서 학생들은 배움을 마을에서 나누는 경험을 하게 되었다. 학교 주변 숲 체험을 통해 배운 것이 콜라주 작품에도 녹아들었기 때문에, 마을에서 배운 것을 마을에 환원하는 과정을 체험한 것이다. 학생들은 마을이라는 공간에 대해 새로운 인식을 하게 되었다. 마을은 단순히 내가 살아가는 공간일 뿐 아니라 배움의 공간이며 배움을 공유하며 함께 성장하는 공간이라는 것을 말이다.

8. 융합수업을 마무리하며

수업을 시작하기 전, 그리고 수업을 끝낸 직후에 학생들에게 설문 조사를 실시했다. 수업의 효과에 대해 막연히 '좋을 거야!'라고 추측하고 싶지 않았다. 설문 영역은 '생태 전환적 사고', '논리적 사고', '디지털 활용 역량', '예술적 표현 역량', '지역 연계 활동', '글쓰기' 이렇게 6개였다. 전반적으로 학생들은 융합수업을 하고 나서 각 영역에 대한 자신의 변화를 감지하고 있었다.

영역별 설문 문항들

영역	설문 문항
생태 전환적 사고	• 나는 환경과 기후 문제에 관심이 많다. • 나는 기후 위기의 원인과 심각성을 잘 안다. • 나는 탄소중립의 정확한 개념을 안다. • 나는 기후 문제의 해결 방법에 대해서 고민을 한다. • 나는 환경과 기후 문제를 해결하기 위해 크고 작은 실천을 한다.
논리적 사고	• 나는 다른 사람의 말을 들을 때 그 말의 내용을 신뢰할 만한지 파악하며 듣는다. • 나는 다른 사람의 주장을 들을 때 사실과 의견을 구분해서 받아들인다. • 나는 주장을 뒷받침할 수 있는 객관적인 자료를 선정할 수 있다. • 나는 타당하고 합리적인 이유를 제시하여 말을 하거나 글을 쓴다. • 나는 문제를 합리적으로 해결하기 위해서 노력한다.
디지털 활용 역량	• 나는 핵심 키워드와 구체적인 질문을 활용해 디지털 기기로 필요한 자료를 찾을 수 있다. • 나는 디지털 기기를 활용해서 얻은 자료를 분석하여 문제 해결에 의미 있는 정보를 도출할 수 있다. • 나는 디지털 기기를 활용해서 얻은 자료를 학습에 긍정적으로 활용할 수 있다. • 나는 생활 속에서 다양한 질문과 문제들이 발생하면 디지털 기기를 활용하여 해결한다.

	• 나는 디지털 환경에서 안전하게 활동하기 위해서 사이버 보안 및 개인 정보 보호를 잘 지킨다.
예술적 표현 역량	• 나는 예술 작품 창작은 생각을 시각적으로 표현할 수 있는 중요한 도구라고 생각한다. • 나는 시각예술을 통하여 의견을 유연하거나 강렬하게 전달할 수 있다고 생각한다. • 나는 예술 작품을 창작하고 전시해 보는 것이 삶의 문제를 인식하는 데 도움이 된다고 생각한다. • 나는 주제와 목적에 맞는 시각적 예술 표현을 할 수 있다. • 나는 생각이나 느낌을 시각적 예술로 표현하는 것을 즐긴다.
지역 연계 활동	• 나는 사람들이 마을 안에서 배우고 휴식할 수 있다고 생각한다. • 나는 마을 안에서 많은 것을 보고 듣고 배우고 자라고 있다. • 나는 마을 안에서 사람들이 서로의 생각과 배움을 소통하는 것이 중요하다고 생각한다. • 나는 사람들이 배우고 익힌 것을 마을에 환원해야 한다고 생각한다. • 나는 마을을 위해 내가 배우고 익힌 것을 환원하고 싶다.
글쓰기	• 나는 생각과 지식을 글로 표현할 수 있는 능력이 중요하다고 생각한다. • 나는 글을 쓸 때 주제에 맞게 필요한 자료를 잘 수집한다. • 나는 글을 쓸 때 어떤 순서와 구성으로 쓸지 계획을 잘한다. • 나는 나의 생각과 지식을 글로 표현하는 데 능숙하다. • 나는 어떤 글이 좋은 글인지 잘 알고, 그런 글을 쓰기 위해 노력한다.

설문 문항 중 융합수업을 진행한 교사들이 중요하게 바라본 몇 개의 결과를 공유하고자 한다.

첫째는 '글쓰기' 관련 설문 결과이다. 학생들에게 글쓰기는 여러 가지로 도움이 되는 활동이지만 그럼에도 어려운 활동임이 틀림없다. 많은 학생들이 사후 설문에서 좋은 글이 어떤 글인지 알고 그런 글을 쓰기 위해서 노력한다고 응답했다. 이는 현재의 학업성취도뿐 아니라 학생들이 성인이 된 이후에도 긴요하게 활용될 능력이자 믿음이다.

[글쓰기] 나는 어떤 글이 좋은 글인지 잘 알고, 그런 글을 쓰기 위해 노력한다.

	사전	사후
매우 아니다	1	0
아니다	4	1
보통이다	27	16
그렇다	30	32
매우 그렇다	12	22

둘째는 '논리적 사고' 관련 설문 결과인데, 학생들의 객관적인 자료 선정과 타당하고 합리적인 이유 제시에 대한 자신감이 상당히 향상했다. 과학 시간에도 기후 위기 문제를 객관적인 데이터를 기반으로 파악했고, 국어 시간의 토론과 주장하는 글쓰기에서도 객관적이고 타당한 자료 선정을 연습한 결과라 판단된다.

[논리적 사고] 나는 타당하고 합리적인 이유를 제시하여 말을 하거나 글을 쓴다.

	사전	사후
매우 아니다	3	0
아니다	3	3
보통이다	31	25
그렇다	26	27
매우 그렇다	11	16

결과가 가장 궁금했던 것은 '생태 전환적 사고'와 '지역 연계 활동' 영역이었다. 학생들은 기후 위기의 위험에 전면적으로 노출된 세대이기 때문이다. 위험에 노출되어 있으면서도 무감하거나 실천에 게으르다면 그것은 더 큰 재앙으로 연결될 수도 있다.

'생태 전환적 사고'와 관련해서는 융합수업 이후에 학생들의 환경과 기후에 대한 관심이 증가했다. 숲 체험, 다회용 텀블러 사용하기, 포토콜라주 제작하기 등의 활동 때문인지 기후 문제 해결을 위한 실천에서도 많은 학생들이 높은 점수를 주었다. 수업 이후에 학교나 가정에서 생활하면서 실천력이 향상되었을 수도 있을 것 같다.

[생태 전환적 사고] 나는 환경과 기후 문제에 관심이 많다.

	사전	사후
매우 아니다	4	0
아니다	9	6
보통이다	35	19
그렇다	20	28
매우 그렇다	6	18

[생태 전환적 사고] 나는 기후 문제를 해결하기 위해 크고 작은 실천을 한다.

	사전	사후
매우 아니다	6	1

	6	5
아니다	6	5
보통이다	26	22
그렇다	24	27
매우 그렇다	12	16

'지역 연계 활동'과 관련된 설문 결과에서는, 융합수업을 통해 학생들이 마을 안에서 학습하고 성장하고 있다는 사실을 인식하고 마을 안에서 사람들 간 소통의 중요성을 깨닫게 되었음을 알 수 있다. 내가 거주하고 학습하는 지역사회의 역할을 제대로 알고 지역 주민들과 소통하는 것은 공동체 일원으로서의 책임감과 만족감을 키워주며 공동의 문제 해결에도 적극성을 발휘하도록 할 것이다.

[지역 연계 활동] 나는 마을 안에서 많은 것을 보고 듣고 배우고 자라고 있다.

	사전	사후
매우 아니다	1	0
아니다	7	0
보통이다	27	21
그렇다	27	30
매우 그렇다	12	20

[지역 연계 활동] 나는 마을 안에서 사람들이 서로의 생각과 배움을 소통하는 것이 중요하다고 생각한다.

	사전	사후
매우 아니다	2	1
아니다	5	2
보통이다	21	16
그렇다	30	28
매우 그렇다	16	24

마을결합형 탄소중립 프로젝트는 전시회를 포함하면 4월 2주부터 7월 2주까지 진행된 긴 호흡의 수업이었다. 사전·사후 설문 결과를 비교해 보면 학생들이 스스로 느끼는 변화가 컸다는 것을 확인할 수 있다. 그리고 이 변화는 이 융합수업의 효과성과 연결된다. 이 수업을 통해 학생들은 탄소중립 문제를 국어, 과학, 미술, 창체를 융합하여 다면적이고 심층적으로 접근하고 깊게 사고할 수 있었다.

융합수업의 과정에서 교사들이 논의할 사항이 많았다. 다른 교과의 흐름을 알아야 했고, 교과 간의 수업 타이밍도 중요했다. 하지만 이 과정이 힘들지만은 않았다. 학생들이 주체가 되어 문제를 발견하고 탐구하며 스스로 해결책을 찾아나가는 과정이 참 귀하게 와닿았다. 교과 간 수업 참관을 하면서 교육에 대한 관점이 유연해지는 것도 느낄 수 있었다.

마을결합형 탄소중립 프로젝트는 융합수업의 전형은 아닐 수도 있다. 그러나 학생들에게 자신이 살고 있는 마을을 중심으로 학습했다는 경험, 그리고 전 지구적 이슈인 탄소중립 문제를 융합적으로 조망해 보았다는 것만으로도 의미가 크다고 생각한다.

지식은 본질적으로 분절적으로 존재하는 것이 아니며 교과 간, 지식 간의 전이가 활발해질 때 학생들은 현대사회의 복잡성을 지닌 문제들을 해결해 나갈 수 있을 것이다. 그것이 이런 마을결합형 융합수업을 실천하게 하는 이유이다.

제3의 어른들과 함께하는

'우리가 만드는 지구' 프로젝트

구본희

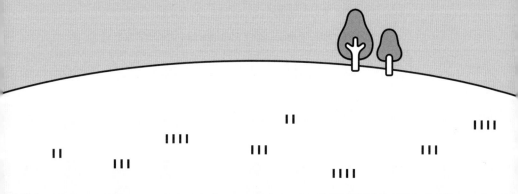

수업 개요

코로나가 지속되면서 기후 위기에 관한 관심도 늘어났다. 전 지구적인 상황에서 공동으로 대처해야 할 문제 상황을 몸으로 견디며 2월 신학년 준비 모임에서는 자연스럽게 기후 위기에 관한 수업을 전 학년으로 진행하자는 이야기가 나왔다.

해마다 2월에 신학년을 준비할 때 우리 학교에서는 학년별로 교육 과정에 관해 논의한다. 학생들이 어땠으면 좋겠는지 이야기하고, 그걸 위해 어떤 수업과 행사를 해볼 수 있을지도 논의한다. 교사는 3개 학년 중 하나에 속해서(보통은 주로 가르치는 학년에 들어감) 한 해 동안 그 학생들을 어떻게 교육할지 이야기한다.

모든 학년이 각자 어떤 과목에서 어떤 수업을 할 수 있을지, 행사로는 어떤 것들이 가능할지 논의했다. 국어과에서 2학기 '한 학기 한 권 읽기'로 기후 위기에 관한 책을 읽히기로 하고 이에 다른 교과들이 어떻게 결합할지 고민했다. 다음은 기후 위기 관련 학년별, 과목별 수업 내용이다.

학년	수업 내용
1학년	• 국어+도덕: 기후 위기에 관한 책 읽고 토의하기, 카드뉴스 만들어 발표하기
	• 사회: 지속 가능한 자원 개발
	• 과학+미술: 생물 다양성 공부한 후 멸종 동물 LED 전등 만들기
	• 국어+음악: 기후 위기에 관한 '보이는 라디오' 제작

2학년	• 국어+과학: 책 읽고 설명 방법 활용하여 환경책 쓰기
	• 국어: 기후 위기 정책 제안에 관한 '관악 TED'
	• 도덕: 기후 위기 수업
	• 기술: 친환경 주택 만들기
	• 가정: 슬기로운 소비, 패스트 패션
	• 봉사활동: 생태환경 관련 강연 듣기
3학년	• 과학: 《내일 지구》 읽고 지식 신장
	• 국어: 기후 위기 관련 책 읽고 근거 찾기, 나의 실천 방안 생각하고 그 근거 만들기
	• 사회: 정당의 기후 위기 관련 공약 분석하고 정당 창당하기

중학교 2학년 학생들을 3년 동안 가르치면서 과학, 도덕 교과 등과 기후 위기를 주제로 계속 융합수업을 진행했다. 8개의 성취기준을 재구성하여 '우리가 만드는 지구'라는 프로젝트를 만들었는데, 이는 '나도 생태환경 작가'와 '관악 TED'라는 두 개의 프로그램으로 구성된다. 이 프로젝트 융합수업은 다음과 같은 과정으로 이루어져 있다.

목표
세우기 → 기후 위기 관련
책 읽기 → 나도
생태환경 작가
(쓰기) → 관악 TED
(듣기·말하기) → 프로젝트
마무리하기

'나도 생태환경 작가' 프로그램은 수행평가 20점, 서술형·논술형 평가를 포함하여 다음과 같이 진행했다. (굵은 글씨는 '관악 TED'와 공통으로 진행한 부분)

단계		차시	수업 내용
전	준비		• 기후 위기에 관해 읽고 싶은 책 고르기(구글 설문지)
		1차시	• **프로젝트 목표와 전략 세우기**
		2차시	• 생태환경 작가 강연 듣기
중	1단계 (읽기)	3~7차시	• 기후 위기 관련 책 읽기 • 설명 방법 학습하기(페어덱, 띵커벨) • 설명 방법 적용하기
	2단계 (쓰기 전)	8~9차시	• 환경책 주제 정하기 • 개요 짜기
	3단계 (피드백)	10차시	• **외부 피드백(기후 위기 관련 활동가)**
	4단계 (쓰기)	11~16차시	• 설명 방법 적용하여 책 쓰기(구글 문서) • 고쳐쓰기
후	정리	17차시	• 프로젝트 성찰하기
			• 설명 방법에 관한 지필평가 • 전자책 만들기(북크리에이터) • 1학년에게 공유하여 피드백 받기(패들렛)

'관악 TED'는 수행평가 20점으로 다음과 같이 진행했다.

단계		차시	수업 내용
전	준비	1차시	• **프로젝트 목표와 전략 세우기**
		2~3차시	• 봉사활동 준비하기 • 봉사활동(기후 위기 활동가 강연 듣기)
		4차시	• '도전 30' 정하기 • 30일간 매일 실천하기

중	1단계 (정책 만들기)	5차시	• '도전 30'과 관련하여 정책 만들기
		6차시	• **외부 피드백(기후 위기 관련 활동가)**
		7~8차시	• 감사 메일 보내기 • 정책 만들기 • 정책 피드백 받기(이메일) • 정책 제안하기(기관 홈페이지)
	2단계 (발표 준비)	9차시	• TED 멘토 텍스트 분석 • 인포그래픽 멘토 텍스트 분석
		10~11차시	• 인포그래픽 만들기(캔바, 미리캔버스) • 대본 쓰고 슬라이드 만들기(구글 슬라이드)
	3단계 (발표)	12~14차시	• 관악 TED
후	정리	15차시	• 프로젝트 성찰하기
			• 생태환경 축제

'우리가 만드는 지구' 프로젝트의 두 가지 프로그램과 관련된 국어과 성취기준은 다음과 같다.

영역	2015 교육과정	2022 교육과정
읽기 (기후 위기 관련 책 읽기)	[9국02-04] 글에 사용된 다양한 설명 방법을 파악하며 읽는다. [9국02-07] 매체에 드러난 다양한 표현 방법과 의도를 평가하며 읽는다. [9국02-10] 읽기의 가치와 중요성을 깨닫고 읽기를 생활화하는 태도를 지닌다.	[9국02-04] 복합양식으로 구성된 글이나 자료의 내용 타당성과 신뢰성, 표현 방법의 적절성을 평가하며 읽는다. [9국02-05] 글에 사용된 다양한 설명 방법과 논증 방법을 파악하고, 그 타당성을 평가하며 읽는다. [9국02-08] 자신의 독서 상황과 수준에 맞는 글을 선정하고 읽기 과정을 점검·조정하며 읽는다.

쓰기 (환경책 쓰기)	[9국03-02] 대상의 특성에 맞는 설명 방법을 사용하여 글을 쓴다. [9국03-09] 고쳐쓰기의 일반 원리를 고려하여 글을 고쳐 쓴다.	[9국03-01] 대상의 특성에 적합한 설명 방법을 활용하여 글을 쓴다. [9국03-07] 복합양식 자료를 활용하여 내용을 생성하고 글의 유형을 고려하여 내용을 조직하며 글을 쓴다. [9국03-08] 쓰기 과정과 전략을 점검·조정하며 글을 쓰고, 독자를 고려하여 글을 고쳐 쓴다.
듣기·말하기 (관악 TED)	[9국01-01] 듣기·말하기는 의미 공유의 과정임을 이해하고 듣기·말하기 활동을 한다. [9국01-08] 핵심 정보가 잘 드러나도록 내용을 구성하여 발표한다. [9국01-11] 매체 자료의 효과를 판단하며 듣는다.	[9국01-06] 다양한 자료를 재구성하여 내용을 체계적으로 조직하고 청중이 이해하기 쉽게 발표한다. [9국01-11] 듣기·말하기 과정을 점검하고 듣기·말하기의 어려움을 효과적으로 조정한다.

학생들과 공유했던 채점 기준표는 다음과 같다. 읽기 관련 성취기준은 모두 형성평가로 처리하여 점수를 부여하지 않았고, 쓰기와 듣기·말하기는 20점짜리 수행평가로 진행했다.

나도 생태환경 작가 – 20점

평가 요소	채점 기준			
	A(매우 잘함) 8점	B(달성함) 7점	C(조금만 더) 6점	D(힘을 내) 5점
환경책 쓰기 위한 자료 모으기	□ 매체에 드러난 다양한 표현 방법과 의도를 비판적으로 평가하며 읽어, 주제에 맞는 구체적이고 흥미를 끄는 자료를 풍부하게 선정할 수 있다.	□ 매체에 드러난 다양한 표현 방법과 의도를 평가하며 읽어, 주제에 맞는 적절한 자료를 선정할 수 있다.	□ 매체에 드러난 다양한 표현 방법과 의도를 평가하며 읽고, 주제와 관련된 자료를 선정하였으나, 일부 주제를 뒷받침하지 않는 자료도 포함되어 있다.	□ 매체를 읽고 자료를 선정하였으나, 주제와 관련된 자료와 관련되지 않은 자료가 뒤섞여 있다.

설명 방법 사용하여 환경책 쓰기	☐ 대상의 특성에 맞는 설명 방법을 적극적으로 사용하여 독자가 설명 내용을 예측할 수 있고, 설명 대상이 효과적으로 드러나도록 글을 쓸 수 있다.	☐ 대상의 특성에 맞는 설명 방법을 사용하여 독자가 어느 정도 설명 내용을 예측할 수 있고, 설명 대상이 드러나도록 글을 쓴다.	☐ 설명 대상의 특성에 맞는 설명 방법을 일부 사용하여 글을 쓴다. ☐ 분량이 부족하여 설명 대상이 명확하게 드러나지 않는다. ☐ 설명 대상에 대한 초점이 흔들리는 경우가 있다.	☐ 설명 대상의 특성에 맞는 설명 방법을 극히 일부 사용하여 글을 쓴다. ☐ 분량이 매우 부족하여 설명 대상이 거의 드러나지 않는다.
	A(매우 잘함) 4점	B(달성함) 3점	C(조금만 더) 2점	D(힘을 내) 1점
고쳐 쓰기	☐ 자신이 쓴 글을 능동적으로 점검하여 초점화되어 있고, 통일성이 있으며, 완성도가 높은 글로 고쳐 쓴다. ☐ 독자가 이해하기 쉽게 자기 말로 풀어 고쳐 쓴다.	☐ 자신의 글을 점검하여 초점화되어 있고, 통일성이 있으며, 어느 정도 완성도가 있는 글로 고쳐 쓴다. ☐ 비교적 독자가 이해하기 쉽게 자기 말로 풀어 고쳐 썼으나 그렇지 않은 부분도 있다.	☐ 자신의 글을 점검하였으나 글이 초점화되어 있지 않음 ☐ 글을 쓴 의도가 명확하지 않음 ☐ 구성이 잘 드러나지 않음 ☐ 이해하기 어려운 말들이 있음 위의 이유로 다소 매끄럽지 않게 글을 고쳐 쓴다.	☐ 자신이 쓴 글을 점검하는 데 어려움을 느낀다. ☐ 분량이 짧아 기본적인 글의 구성이 드러나지 않고 주제가 초점화되어 있지 않다.

관악 TED − 20점

평가 요소	채점 기준			
	A(매우 잘함) 8점	B(달성함) 7점	C(조금만 더) 6점	D(힘을 내) 5점
	말하기는 의미를 공유하는 과정임을 이해하고 ☐ 적절한 크기와 속도로 말하기	말하기는 의미를 공유하는 과정임을 이해하고 ☐ 적절한 크기와 속도로 말하기	청중과 소통하며 말하기를 하는 데 있어 ☐ 목소리가 작거나 너무 느리거나 빠름	청중과 소통하며 말하기를 하는 데 있어 ☐ 목소리가 작거나 너무 느리거나 빠름

	A(매우 잘함) 4점	B(달성함) 3점	C(조금만 더) 2점	D(힘을 내) 1점
의미 공유하며 말하기	☐ 불필요한 끊김 없이 자연스럽게 말하기 ☐ 청중의 반응에 대처하며 말하기 ☐ 효과적으로 전달할 수 있는 적절한 매체 활용하기 ☐ 적절한 자세와 시선으로 말하기 위의 내용 모두 만족하도록 말할 수 있다.	☐ 불필요한 끊김 없이 자연스럽게 말하기 ☐ 청중의 반응에 대처하며 말하기 ☐ 효과적으로 전달할 수 있는 적절한 매체 활용하기 ☐ 적절한 자세와 시선으로 말하기 위의 내용 중 3~4개 만족하도록 말할 수 있다.	☐ 생각을 오래 하거나 웃는 등의 이유로 연결이 끊김 ☐ 청중의 반응을 유도하거나 기다리지 않음 ☐ 매체를 활용하지 않음 위의 내용 중 1~2개의 이유로 의미 공유가 원활하지 않다.	☐ 생각을 오래 하거나 웃는 등의 이유로 연결이 끊김 ☐ 청중의 반응을 유도하거나 기다리지 않음 ☐ 매체를 활용하지 않음 위의 내용 중 3~4개의 이유로 의미 공유가 원활하지 않다.
핵심 정보 드러나게 말하기	☐ 자신의 경험과 그에 관한 생각, 구상한 정책과 관련한 세부 내용을 구체적으로 자세하게 근거로 들면서, 핵심 정보가 효과적으로 드러나도록 2분 정도의 분량으로 내용을 구성하여 발표한다. ☐ 흥미를 끄는 시작과 핵심을 강조하는 마무리가 있다.	☐ 자신의 경험과 그에 관한 생각, 구상한 정책과 관련한 세부 내용을 근거로 들면서, 핵심 정보가 드러나도록 2분 가까운 분량으로 내용을 구성하여 발표한다. ☐ 흥미를 끄는 시작이나 핵심을 강조하는 마무리가 있다.	☐ 자신의 경험이 구체적으로 드러나지 않거나 정책에 관한 언급이 단순하여 핵심 정보가 뚜렷하지 않지만, 1분 30초 정도되는 분량으로 내용을 구성하여 발표한다. ☐ 간단한 시작과 단순한 마무리가 있다.	☐ 경험과 정책에 관한 언급을 간단하게 1분가량 발표할 수 있다. ☐ 시작과 마무리가 없거나 뚜렷하지 않다.
매체 자료 효과 판단하며 듣기	☐ 발표를 듣고 매체 자료의 효과에 대해 타당한 근거를 들어 평가하며 기록할 수 있다.	☐ 발표를 듣고 매체 자료의 효과를 판단하며 기록할 수 있다.	☐ 발표를 듣고 매체 자료의 효과를 일부 판단하며 기록할 수 있다.	☐ 발표를 듣고 들은 내용을 간략하게 기록할 수 있다.

하나, 나도 생태환경 작가

1. 프로젝트 준비하기

(1) 책 선정하기

학교에서 국어 교사들과 일주일에 한 시간씩 모여 이야기 나눌 수 있는 자리를 만들었다. 수업 시간표를 짤 때 애초에 부탁을 드렸다. 소규모 중학교여서 10년 동안 국어 교사가 5명에서 4명, 3명으로 줄어들긴 했지만 꾸준히 협의회를 진행했다. 세부적인 수업 이야기도 하지만, 1학기에 '한 학기 한 권 읽기'를 위해 어떤 소설을 읽힐 것인지,* 2학기에 어떤 비문학 작품을 읽힐 것인지를 주로 논의한다. 책을 함께 읽고 적절한지 적절하지 않은지 의견을 나눈 뒤 책을 선정했다. 국어과가 어떤 책을 읽힐 것인지 다른 교과에서도 관심을 보였는데, 고른 책을 바탕으로 다른 교과의 수행평가와 연결했기 때문이다.

기후 위기 관련 책을 두 가지로 분류했다. 하나는 기후 위기의 원인과 현상에 대해 폭넓게 다룬 책, 다른 하나는 기후 위기를 극복하기 위한 실천 방법을 다룬 책이다. 전자는 설명 방법을 적용한 읽기·쓰기 성취기준을 달성하기 위해 선택했고, 후자는 말하기 성취기준, 특히 '도전 30'의 실천 미션을 선택할 때 도움이 될 만한 자료로 선택했다.

---

* '관악 청소년 문학상'이라는 프로젝트로 진행했다. 자세한 것은 《보니샘과 함께하는 블렌디드 수업과 평가》(우리학교, 2021) 참조.

기후 위기 관련 도서 예시

기후 위기의 원인과 현상을 폭넓게 다룬 책	기후 위기 극복의 실천 방법을 다룬 책
지구를 살리는 기후위기 수업 달력으로 배우는 지구환경 수업 지금 우리 곁의 쓰레기 생태적 전환, 슬기로운 지구 생활을 위하여 왜 고기를 안 먹기로 한 거야? 착한 소비는 없다 내일은 못 먹을지도 몰라	무해한 하루를 시작하는 너에게 오늘을 조금 바꿉니다 그건 쓰레기가 아니라고요 에코왕 챌린지 줄이는 삶을 시작했습니다 우린 일회용이 아니니까

학생들에게 미리 책들을 소개했고, 국어교과실 입구에 책들을 전시해 두었다. 학생들은 오며 가며 책을 들추어 보고 구글 설문지에 읽고 싶은 책을 3권 정도 적어냈다. 학생들이 적은 책을 바탕으로 원하는 책과 구성원을 고려하여 모둠을 만들었다.

(2) 프로젝트 목표 세우기

학생들이 긴 프로젝트 동안 집중력을 유지하게 하려면 몇 가지 고려해야 할 사항이 있다. 일단 시작할 때 자신의 목표를 세워야 하고, 중간중간 성찰할 수 있는 요소가 있어야 하며, 결과물을 외부 사람들에게 공개하여 자신이 했던 일에 대해 의미를 찾을 수 있어야 한다.

본격적인 프로젝트 첫 시간은 목표를 정하는 것에서부터 시작한다 (자세한 내용은《보니쌤과 함께하는 자신만만 프로젝트 수업 10》참조). 프로젝트 전체가 어떻게 이루어질지 안내한 뒤, '이러한 프로젝트를 왜 할까?' 그 의미를 물었다. 학생들은 각자의 생각을 적고 친구들과 공유하면서 자신의 목표를 세우게 된다. 이때 교사는 성취기준에 부합하는 목표, 전체 프로젝트를 고려하는 목표를 세울 수 있게 돕는다.

그러고 나서 본격적으로 수업을 안내한다. 프로젝트는 결과물이 있기에 대부분 수행평가로 이루어진다. 그렇기에 학생들에게 성취기준과 목표 지점을 명확하게 알려주어야 한다. 그래야 어디에 도달해야 하는지 확인하고 자신이 그곳에 도달하려면 무엇을 어떻게 해야 할지 고민할 수 있다.

먼저 성취기준을 살핀 뒤 '도달'이 무엇을 의미하는지 생각해 보게 했다. 전체적으로 설명할 때도 있고, 채점 기준표를 보여주고 질문을 만들어보게 할 때도 있다. 혹은 성취기준에서 평가 요소를 뽑아 채점 기준표를 학생 스스로 만들어보게도 했다. 채점 기준표를 직접 만들면 3차시 이상이 소요되기 때문에 상황에 맞게 조절해야 한다. 채점 기준표를 살핀 뒤, 자신의 현재 수준이 어디인지를 표시하게 했다. 채점 기준표를 '더하기 방식'('힘을 내'에서는 이 정도 할 수 있고, 거기서 무엇을 더 하면 '조금만 더'로 올라가고, 거기서 무엇을 더 하면 '달성함'에 이르고, 무엇까지 더 하면 '매우 잘함'으로 가는 방식)으로 만들고 싶었지만 시도해 보지 못했다.

그다음은 자신이 자신 없는 부분을 고르고, 왜 그렇게 생각하는지 이유를 적어보는 단계이다. 자신의 현재 단계를 좀 더 진지하게 성찰해 보면 좋겠다 싶어 넣은 활동이다. 이는 이후 그것을 잘하기 위한 전략을 세워보는 활동으로 이어진다.

모둠별로 자신이 자신 없는 부분과 이유를 말하면 다른 친구들이 그것을 더 잘하기 위한 조언을 해준다. 때로는 "선생님한테 물어봐."와 같이 성의 없는 말이 오가기도 하지만, 학생들은 이 활동을 통해 다시 한번 성취기준에 도달하기 위해서는 어떤 일들을 어떻게 해볼 수 있는지 스스로 말하며 생각해 보게 된다. 이후에는 친구들의 의견을 종합하여 자신의 전략을 정리해 보게끔 한다.

'목표 세우기' 활동지

1. '우리가 만드는 지구' 프로젝트는 왜 할까요? 하면 무엇이 좋을까요? 어떤 의미가 있을까요? (50자 이상)

2. '우리가 만드는 지구' 프로젝트는 나에게 어떤 의미가 있을까요? 이 프로젝트에서 나의 목표는 무엇인가요? (50자 이상)

3. 프로젝트를 시작하기 전에 채점 기준표를 읽고, 지금 나의 수준이라고 생각하는 내용을 평가 요소마다 □에 하나씩 표시해 봅시다. ('수업 개요'에서 제시한 채점 기준표 참고)

4. [현재 상태 파악] 채점 기준표에서 가장 자신 없는 평가 요소를 두 가지 고르고 이유도 2줄 정도 적어봅시다. 모두 A를 받을 것 같다면 그 이유도 2줄 적어봅시다.

5. [전략 세우기] 채점 기준표에서 A(매우 잘함)의 내용을 꼼꼼하게 읽고, 친구가 어떻게 하면 A로 갈 수 있을지 구체적인 전략을 조언해 봅시다. 친구들의 이야기를 바탕으로 스스로 전략을 정리해 봅시다.

(3) 봉사활동과 연결하기

학년부장을 처음 맡았던 때부터 봉사활동을 수업과 연결하는 것은 해마다 고민이었다. 일회성 이벤트로 끝나지 않으려면 수업과 연계하여 깊이 있게 다루는 일이 필요했고, 수업 또한 붕 뜬 이론으로 끝나지 않으려면 실천과 연결되어야 했다. 보통 과학, 사회, 도덕 교과 등과 함께 했는데, 이번 봉사활동은 전체 융합수업 프로젝트를 여는 시작점으로 기능하기를 바랐다. 항상 해왔듯이 강연을 듣고 캠페인 가능한 준비를 한 뒤 거리로 나가 서명을 받도록 하려 했으나, 코로나 확산으로 작가의 강연을 듣는 것으로 만족해야 했다.

바로 옆 마을에서 기후 위기 관련 활동을 하시는 '성대골 에너지 자립 센터'의 김소영 대표님을 모셨다. 강연 전에 학생들에게 강사에 관한 자료를 읽거나 들으면서 공책에 정리하게 했다.

내용 정리(인터뷰 글)

성대골 김소영 대표와의 만남

김소영 대표는 아이들을 위해 어린이도서관 건립을 추진해 성공하며 주민들과 함께 첫 성과를 내었다. 도서관이 개관할 무렵 일본에서 후쿠시마 원전 사고가 터지자 김소영 대표는 원전 문제에 관심을 가지기 시작했다. 녹색연합의 도움을 받아 적은 인원이나마 특강을 받고 피해의 심각성을 알게 되어 마을에서 에너지 운동을 하기 시작했다. 에너지 절약이 에너지 생산만큼 중요하다고 생각해 에너지 자립에 가까워지기 위해 사업 참여, 워크숍과 토론회, 기업 창설 등 다양한 시도를 했다. 주거 공간의 에너지 효율을 높이는 게 중요하다고 생각해 태양광 사업이나 태양광 패널 설치를 장려하기도 했다. MZ 세대의 파급력을 통해 기후 위기 문제를 홍보해야 한다 생각했다. 2018년 IPCC(Intergovernmental Panel on Climate Change, 기후변화에 관한 정부 간 협의체) 총회를 통해 지구 기온 상승을 1.5도로 억제하자는 보고서를 채택시켰다. 젊은 세대를 지원하고 함께 노력해 기후 위기의 시점을 늦추려 노력해야 한다.

봉사활동 당일에는 한 시간 동안 강연을 들은 후 우리 반의 실천 미션을 정하고 자신이 할 수 있는 실천 미션도 정하도록 했다. 전 학년이 동시에 진행했기 때문에 실천 미션 정하기는 이후 국어 수업 시간에 따로 깊게 다루었다.

학생들에게 포스트잇을 나누어주고 우리 반에서 실천할 수 있는 미션들을 적게 했고, 이후 모둠에서 의견을 나누고 발표하도록 했다. 학급 회장이 진행을 맡았고, 모둠별 의견 가운데 어떤 것을 우리 반 실천 미션으로 할지 정했다. 이후 자신의 미션과 학급의 미션을 게시물로 만들었다.

학생들에게만 실천 미션을 준다는 것이 꺼림칙해서 '토론이 있는 교직원회의'에서 교사들도 함께 지킬 미션을 만들어 게시했다.

실천 미션을 적고 있는 모둠원들

학급 실천 미션들

가까운 거리 걸어 다니기	일회용품 사용 줄이기	에코백 사용하기
일회용 컵 대신 텀블러 사용하기	재활용 쓰레기 잘 버리기	에어컨, 선풍기 등 끄고 이동하기

교사들이 정한 실천 미션들

대중교통 출근 데이	플라스틱병 대신 개인 텀블러 사용하기	분리수거 잘 가르치기
교무실이 비었을 때 냉난방 꼭 끄기	쓸데없는 자료 프린트하지 않기	손 씻고 물 닦을 때 개인 수건 쓰기

(4) 생태환경 작가 강연 듣기

교육과 관련된 책을 읽으면서 학생들이 정체성을 형성하도록 하는 것이 중요하고 또 필요하다는 걸 알았다. 그냥 과제로 글을 써서 제출하는 게 아니라 학생 스스로 '작가'가 되어 독자가 읽을 책을 쓴다는 생각을 심어주고 싶었다(독자는 같은 학교 후배들). 이것은 학생들에게 더욱 동기부여를 해줄 터였다.

생태환경 관련한 책을 많이 쓴 최원형 선생님을 모셨다. 생태환경 작가가 되려면 어떻게 해야 하는지 강의를 해달라 말씀드렸더니, 일반적인 강의 요청과 매우 다르다며 선뜻 승낙해 주셨다.

외부 강연자를 모셔 올 때 매우 까다롭게 조건을 내거는 편이다. 강연이 길어지면 학생들이 집중을 못 하기 때문에(중학생의 수업 시간이 왜 45분이겠는가) 되도록 강연 시간을 짧게 해달라 말씀드리고, 3분의 1정도 되는 시간은 질의응답에 활용한다. 강당에 모든 학생을 모아놓고 하는 강연은 그다지 효과가 없다. 반별로 따로 들으면 가장 좋고, 그러지 못할 때는 강연을 두 번 해달라 부탁드리고 두세 반을 묶어서 함께 듣도록 했다.

학생들도 강연자를 맞기 전에 준비를 해야 한다. 작가처럼 글을 쓰기 위해 작가님을 모실 건데 어떤 점이 궁금한지 물었다. 그리고 그 질문들을 작가에게 미리 전달했는데, 고맙게도 작가가 학생들의 질문을 중심으로 강연을 준비해 주었다.

학생들이 질문했던 내용들

- 어떤 책이 가장 환경에 대해 잘 말하고 있다고 생각하나요?

- 자료를 조사하는 방식과 자료를 조사하는 데 소비되는 시간은?
- 작가님이 제일 좋아하는 '지구 환경의 날'이 언제인가요?
- 어떤 책을 가장 먼저 쓰셨나요?
- 자료 조사는 대부분 어떤 방식으로 하나요?
- 환경책을 잘 쓰는 방법은 무엇인가요?
- 어떤 계기로 환경책을 쓰기 시작했나요?
- 환경 관련 책을 쓰실 때 주로 이용하는 사이트가 있으신가요?
- 환경 관련 책을 쓰실 때 가장 어렵거나 힘든 부분은 무엇인가요?
- 책을 쉽고 재미있게 쓰려면 어떻게 써야 할까요?

강의 자료 PPT 화면

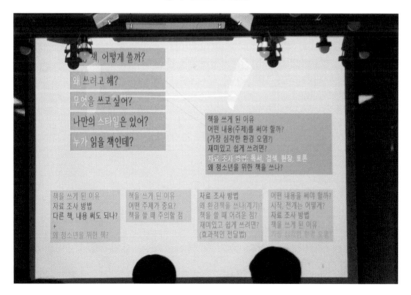

학생들은 강연을 들으면서 정리를 하고 소감문을 작성한다.

1. 작가님이 해주신 말씀 중에 기억에 남는 내용을 정리해 봅시다. (15줄 이상, 알아보기 쉽게 정리합니다.)

2. 작가님의 이야기를 듣고 궁금한 질문을 2개 적어봅시다.

3. 작가님의 대답 중 기억에 남는 내용을 정리해 봅시다.

4. 작가님과 만난 뒤 도움이 되었거나 새롭게 알게 된 점, 느낀 점을 적어봅시다.

2. 설명 방법 적용하여 기후 위기 관련 책 읽기

중학교 2학년 국어과 읽기와 쓰기 성취기준에는 정의, 예시, 분석, 분류, 인과, 비교와 대조 등 설명 방법을 적용하여 읽고 쓰는 것이 있다. '한 학기 한 권 읽기'로 비문학을 읽히며 이러한 설명 방법을 적용해 보도록 수업을 구성했다.

차시	수업 내용	도구
1	설명 방법 익히기	페어덱, 구글 클래스룸(유튜브 등 인터넷 자료, 읽기 PDF), 이어폰, 크롬북
2	설명 방법 점검하기, 하브루타(친구에게 설명하기) + 적극적으로 책 읽기	페어덱, 학습지, 포스트잇 플래그
3	설명 방법 점검하기 + 적극적으로 책 읽기	띵커벨, 포스트잇 플래그
4	설명 방법 점검하기 + 설명 방법 파악하며 책 읽기	라이브 워크시트, 학습지, 포스트잇 플래그
5	다른 교과서 읽으며 설명 방법 적용하기 + 설명 방법 파악하며 책 읽기	구글 설문지, 공책, 포스트잇 플래그

1차시는 다양한 설명 방법의 개념을 익히는 시간이다. 먼저 학생들에게 페어덱을 이용하여 설명 방법을 왜 배워야 하는지 생각해 보도록 했다.

학생들의 답변

• 다른 사람에게 설명하는 글을 쓰거나 누군가에게 무언가를 설명할 때 유용하다.

• 설명을 잘할 수 있으니까

• 글을 쓸 때 활용할 수 있고, 상대를 설득하거나 새 학기 자기 소개문 등에 쓸 수 있다.

• 글에서 나오는 정보를 더 잘 습득할 수 있다.

• 사람을 논리적으로 잘 속일 수 있다.

• 글을 쓸 때 효과적으로 설명할 수 있다.

교사가 주르륵 설명한 후 다양한 글에 적용해 보도록 할 수도 있겠지만, 기본 개념을 익힐 때는 학생이 스스로 궁리해 보는 것이 중요하다. 그래서 구글 클래스룸에 다양한 읽기 자료와 인터넷 자료를 탑재하고 학습지의 빈칸을 채우도록 했다. 학생들의 수준이 다른 것을 감안하여 자세하고 쉬운 설명부터 간단한 요약, 고등학교 수준에서 접할 만한 내용 등 다양한 자료를 제공하고 학생들이 기본 개념을 명확하게 익힐 수 있도록 학습지에는 도식화한 부분을 함께 실었다. PDF 파일로 글을 읽는 것을 어려워하는 학생을 위해서는 복사물을 준비했고, 핵심이 무엇인지 파악하기 어려워하는 학생을 위해서는 중요한 부분에 표시한 복사물도 마련했다. UDL(보편적 학습 설계)을 적용한 것인데, 학생들에게 다양한 선택권을 주면 자신에게 맞는 방법으로 목표에 도달하기 위한 학습을 할 수 있다.

한 시간 내내 학생들은 집중하며 원하는 방법으로 듣거나 읽으며 개념을 정리했다. 중간에 방법을 바꾸기도 했지만 어떤 학생도 포기하지 않았다.

2차시부터는 수업을 두 부분으로 나눈다. 초반 10분은 책을 읽는 시간이다. 학생들이 아직 설명 방법을 명확하게 알지 못하기 때문에 초반에는 '읽기를 생활화한다'는 성취기준을 고려하여 적극적으로 글을 읽는 방법을 가르쳤다. 알고 싶거나 궁금한 부분에 포스트잇 플래그를 붙이거나(이후 환경책 주제 잡을 때 이용한다), 새롭거나 흥미로운 부분에 밑줄을 긋거나, 동감하면 느낌표, 의문이 들면 물음표를 붙이거나 메모를 하며 읽도록 한다. 이때 교사가 먼저 'think aloud'를 이용하여 시범을 보인다.

1. 아래 설명 방법에 대해 공부해 봅시다. (설명 방법의 뜻과 예시문은 검색해서 써넣고, 예시문과 '참고' 내용을 바탕으로 빈칸에 해당 설명 방법이 사용된 글을 직접 써봅니다.)

과정: 어떤 일이 일어난 순서나 단계를 밝히는 설명 방법

예시문	
참고	• 시간 순서에 따라 진행됩니다. 어떻게 일어났는지를 중요하게 생각합니다. ☐ → ☐ → ☐

정의: ( )

예시문	
참고	• 'A=B' 형식이라고 해서 무조건 정의는 아닙니다. (예) 내 마음은 호수다. • 보통 사전에 나와 있습니다.

예시: ( )

예시문	
참고	• 특별한 기준이 없이 나열합니다.

비교와 대조: ( )

예시문	
참고	• 공통점과 차이점을 드러냅니다.

분류(구분): ( )

예시문	
참고	• 기준을 가지고 내용을 나눕니다. • 상위개념과 하위개념으로 나누어집니다. 하위개념은 상위개념에 속합니다.

107

인과: (   )

예시문	
참고	• 사건이 왜 일어났는지를 중요하게 생각합니다. 원인 → 결과

분석: (   )

예시문	
참고	곤충 머리 가슴 배 • 하위개념은 상위개념이 아닙니다.

2. 모둠별로 다른 과목 교과서를 하나 골라 그 내용에서 다양한 설명 방법을 찾아봅시
다. 설명 방법을 쓰고 그 내용을 공책에 정리합니다. 시각화하여 나타내면 알아보기
더 좋습니다.

[분류]

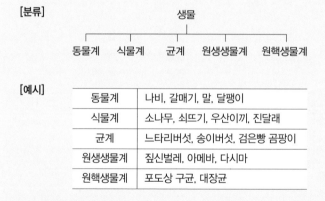

[예시]

동물계	나비, 갈매기, 말, 달팽이
식물계	소나무, 쇠뜨기, 우산이끼, 진달래
균계	느타리버섯, 송이버섯, 검은빵 곰팡이
원생생물계	짚신벌레, 아메바, 다시마
원핵생물계	포도상 구균, 대장균

[정의] 동물계는 핵이 있는 세포로 이루어진 생물 중 몸이 여러 개의 세포로 이루어
져 있고, 운동성이 있으며, 다른 생물을 먹이로 삼아 양분을 얻는 생물 무리이다.

두 번째 부분은 지난 시간에 정리했던 내용을 복습한다. 먼저 자신이 이해한 정도를 점검해 본 뒤 친구들에게 공부한 부분을 설명하도록 했다. 이때 아무나 물어도 대답할 수 있어야 한다며 공부할 시간 2분을 준다. 2분 동안 학생들은 지난 시간에 배운 것을 복습한다. 이후 학생들에게 번호를 부여하고(창가, 칠판 쪽부터 시계 반대 방향으로) 각 번호별로 친구에게 설명해야 하는 설명 방법을 배당한다. 학생들은 그 부분을 제대로 공부하지 않았다며 아우성을 치는데, 교사는 선심을 쓰듯 자신이 맡은 부분을 공부하라며 1분을 더 준다. 이때 친구의 설명을 듣고 완전히 이해할 때까지 계속 질문하거나 다시 설명해야 한다고 안내한다. 그리고 서로 설명이 끝나고 난 뒤 아무에게나 어떤 설명 방법에 대해서 물어도 대답할 수 있어야 한다고 강조한다. 덧붙여서 모둠이 공동으로 책임을 져야 한다는 말도 잊지 않는다. 아이들은 알람이 울리면 자신이 공부한 부분을 친구들에게 설명한다. 잘 이해되지 않는 부분은 친구에게 물어 확실하게 알고 넘어간다.

설명이 끝나면 고지한 대로 아무나(너무 무작위면 학생들이 당황하기 때문에 어느 정도 예측이 가능하도록 그 날짜의 번호부터 지목한다) 불러 묻는다. 이때 학생들이 주로 보이는 오개념을 활용하여 학생들을 '인지적 구덩이'에 빠뜨린다. 'A=B'의 형태가 정의라고 했는데, '내 마음은 호수다'는 정의인가? '김치에는 동치미, 깍두기, 백김치, 갓김치가 있다'는 예시인가 분류인가? 학생들은 근거를 들어 자신의 의견을 정당화하고 의견이 분분하면 모둠에서 의논하도록 한다. 분명히 안다고 생각했던 개념인데 교사가 잠시 흔들면 학생들은 혼란에 빠지고, 여기서 헤어 나오기 위해 자꾸 생각하게 된다.

3차시도 10분간 적극적으로 책을 읽으며 시작한다. 이후에는 다시 설명 방법을 복습한다. '띵커벨'이라는 프로그램을 이용하여 설명 방법에 대한 몇 가지 문제를 만들고, 이것을 페어덱에 공유하여 함께 풀어 보게 한다. 이때 유의할 점은 속도전이나 경쟁전이 되지 않도록 하는 일이다. 온라인 학습 도구들 가운데 일부는 학생들에게 경쟁 구도를 만들어 깊게 생각하기보다 빠르게 답만 맞히도록 유도하기 때문이다. 모둠에서 충분히 의논하면서 문제를 같이 풀되, 모둠원 전체가 다 맞히는 것을 목표로 해야 한다고 당부한다.

4차시도 유사하게 진행한다. 설명 방법에 관해 조금은 배웠기에 기후 위기에 관한 책을 읽으면서 읽은 부분에 드러난 설명 방법을 찾아보도록 했다. 학생들은 모둠에서 의논하며 읽은 부분에 관한 설명 방법을 찾는다. 모둠에서 합의가 되지 않거나 잘 모르겠을 때 교사를 부른다. 읽기가 끝난 후 '라이브 워크시트'라는 프로그램을 이용하여 설명 방법에 관한 문제를 모둠에서 의논하여 풀어보게 했다. 마찬가지로 모둠원 모두가 다 맞히는 것을 목표로 삼게 한다.

5차시는 설명 방법을 적용하여 책을 읽도록 했다. 이번에는 설명 방법이 아주 잘 드러난 텍스트인 교과서를 활용하여 연습한다. 모둠에서 마음에 드는 과목을 선정하여 그 교과서의 지문을 설명 방법을 찾으며 읽고 이를 도식화하여 표현해 본다. 이후에 구글 설문지 '방탈출 게임'을 이용하여 설명 방법에 관한 문제를 또 풀어본다.

책 읽기가 어느 정도 진행되면 다음과 같은 체크리스트를 주고 자신의 읽기를 점검해 보도록 했다.

	점검하기	예	아니오
1	나는 제목, 소제목을 보고 무슨 이야기가 나올지 예측해 보았다.		
2	나는 읽으면서 중요하다고 생각하는 부분에 밑줄을 그었다.		
3	나는 읽으면서 전체적인 흐름을 파악하기 위해 중요한 내용을 연결해서 생각해 보았다.		
4	나는 읽으면서 이미 알고 있던 배경지식을 적극적으로 떠올리며 읽었다.		
5	나는 읽으면서 책의 내용과 배경지식을 연결하고 비교, 대조, 분석하면서 나의 해석이나 생각을 점검해 보았다.		
6	나는 읽으면서 이해가 안 가는 부분을 만나면 왜 그런지 생각해 보았다. '예'라면 아래 내용 중 해당하는 부분에 동그라미를 쳐보세요. 　낱말 뜻 생각해 보기/ 문장 뜻 생각해 보기/ 문맥 고려하기/ 　배경지식 꺼내 보기/ 추상적인 문장은 관련된 예를 떠올리기		
7	나는 읽으면서 내용의 질, 가치 등을 평가하며 읽었다.		
8	나는 읽으면서 글쓴이가 하고 싶은 말을 파악하며 읽었다.		
9	나는 읽으면서 추가적으로 다시 읽어봐야 할 필요가 있는지 생각해 보고, 필요하다면 기꺼이 읽었던 부분을 다시 읽었다.		
10	나는 읽고 나서 새롭게 알게 된 것을 어떻게 사용할 수 있을지, 그것이 나의 삶에 어떻게 도움이 될지 생각해 보았다.		

　'나도 생태환경 작가'와 '관악 TED' 프로젝트는 병렬로 같이 진행되었고, '관악 TED' 말하기 수행평가를 하면서도 시작할 때 10분씩 책을 읽도록 했다. 중간 점검한 것을 바탕으로 앞으로 책을 읽을 때 어떻게 해야 하는지 생각해 보도록 했다.

학생들이 기후 위기와 관련한 책을 읽으며 다양한 방식으로 설명 방법을 익힐 수 있도록 읽기 수업을 한 후 생태환경 책을 쓰는 작업으로 들어간다.

(1) 주제 잡고 개요 짜기

책을 읽는 동안 마음에 들었던 부분에 포스트잇 플래그를 붙여 관심 있는 주제를 차곡차곡 모으도록 했다. 주제를 잡기 위해 표시해 놓은 부분 혹은 궁금해진 분야에 관해 더 알고 싶은 것, 책으로 쓰면 좋겠다 싶은 주제를 세 가지 정도 정하게 한다. 주제는 되도록 구체적으로 정해야 A4 용지 네다섯 쪽 분량의 글을 쓸 수 있고, 광범위한 주제면 아주 두꺼운 책 한 권을 쓰게 될 거라고도 이야기한다.

　학생들이 잡은 주제 중 자기 경험과 관련된 것이 있는지, 그 주제를 통해 알리고 싶은 것이 있는지, 다양한 설명 방법을 사용하여 글을 쓸 수 있는 주제인지 고려하여 하나의 주제를 고르게 했다.

> **교사**: 작가들은 자신이 이야기하고 싶은 것을 분명하게 하기 위해 보통 어떤 질문을 상정하고 그것에 대한 답을 한 권의 책으로 풀어냅니다. 그렇다면 여러분이 고른 주제를 질문으로 바꾸어보면 어떻게 될까요? 그리고 그 주제를 선택한 이유와 그것과 관련된 직간접적인 경험도 한번 적어보세요. 답을 하기 곤란하면 주제를 바꾸어도 괜찮아요. 천천히 생각해 보세요.

개요를 짜기 위해서는 주제에 관해 다양한 각도에서 생각해 보는 것이 중요하다.《한 가지만 바꾸기 – 학생이 자신의 질문을 하도록 가르쳐라》라는 책에 나오는 질문 형성법을 이용하여 학생들의 생각을 확장하는 기회를 만들었다.

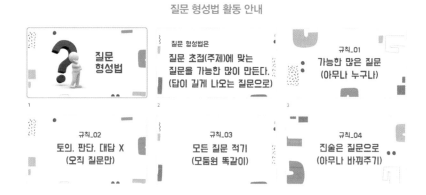

질문 형성법 활동 안내

질문 형성법으로 질문 만들기 학습지

1. [개인] 책을 읽으며 흥미를 느낀 부분을 3가지로 좁혀봅시다. 구체적이면 구체적일수록 좋습니다.
   (예) 원자력 발전소의 장단점 (×)
       정부의 원전 정책에 관한 우리 사회의 반응 (○)

2. [개인] 다음 사항을 고려하여 주제를 잡아봅시다.

   • 나의 경험과 관련이 있는가?
   • 이를 통해 절실하게 알리고 싶은 것이 있는가?
   • 다양한 설명 방법을 사용할 수 있는가?

   ---

(1) 나의 주제는? (반드시 범위를 좁히세요)

(2) 이 주제를 한 가지 질문으로 바꾸어보면? (어떤 질문에 답하기 위한 책인가?)

(3) 왜 이 주제를 선택했나요? (3줄 이상 한 문단으로 작성합니다.)

(4) 관련된 나의 경험을 적어보세요. (뉴스, 영화, 책 등에서 본 간접경험도 좋습니다.)

3. [모둠] 내가 선택한 주제에 관해 질문 초점을 적고 질문을 최대한 많이 만들어봅시다.
(1) 나의 질문 초점은?

(2) 질문 생성하기 – 5분 동안 최대한 많은 질문을 생성하되, 단답으로 나오는 질문은 되도록 피한다.

질문 초점에 맞는 질문을 모둠으로 가능한 한 많이 만들게 했다. 브레인스토밍 같은 원리로 누구나 생각나는 대로 질문을 만들 수 있지만, 그에 대해 대답하거나 토의하거나 판단하는 말은 하지 않도록 한다. 모둠원별로 주제가 다르므로 그 주제별로 질문들을 만들고, 질문을 만든 뒤에는 자신이 책을 쓸 때 다뤄야겠다고 생각하는 부분에 표시하게 한다. 그리고 인터넷 서점에서 관련 주제에 관한 책의 목차를 찾는 방법을 알려준 뒤, 유사한 책들은 어떤 소제목을 다루고 있는지를 살피게 했다. 또 선배들이 쓴 책들을 뒤져보게도 하면서 어떻게 책의 개요를 만들 것인지 생각해 보게 했다.

* 내가 쓸 책의 차례를 만들어봅시다.

(예시)

1장. 사라졌다

  1. 걸어 다니고 싶었다 _타이완 구름표범, 홋카이도 늑대

  2. 헤엄치고 싶었다 _메갈로돈, 독도강치

  3. 하늘을 날고 싶었다 _도도새, 여행비둘기, 큰바다오리

2장. 사라진다

  1. 걸어 다니고 싶다 _스라소니, 아무르표범, 승냥이

  2. 헤엄치고 싶다 _우파루파, 오리노코 악어, 듀공, 점박이물범

  3. 하늘을 날고 싶다 _따오기, 검독수리

3장. 동물들의 구원자

  1. 우리는 도와주고 있다 _세계자연기금, IUCN

  2. 우리도 도와줄 수 있다

내가 쓸 책의 차례	사용할 설명 방법

(2) 전문가 피드백 받기

기후 위기 관련 전문가들을 모셔 자신이 쓴 개요에 대해 피드백을 받아야 한다고 이야기했기 때문에 학생들은 꾸역꾸역 어떻게 해서라도 개요를 짰다. 아마 교사가 점검한다고 했으면 그렇게까지 성의를 보이지 않았을지도 모른다.

이 수업을 3년째 하면서 관련 전문가들을 여럿 모셨다. 알음알음 알던 인맥을 동원했는데, '푸른공동체 살터'나 '성대골 에너지 자립마을' 등 최대한 지역에서 활동하는 분들을 모시려고 했다. 이분들에게 부탁할 것이 많았기에 첫해에는 일요일 아침에 줌 회의를 하면서 원하는 바를 말씀드렸고 시간 배정도 했다. 학생들에게 자신의 책 내용을 대략 소개하는 내용을 만들도록 해서 활동가들이 잘 준비할 수 있게 도왔다. 학생들이 찾아볼 만한 자료, 사이트 등도 알려주는 등 예상보다 훨씬 준비를 많이 해 오셔서 감사했다.

지역 환경 전문가의 피드백 받기

전문가 피드백은 널찍한 도서관에서 진행했는데, 한 모둠당 전문가 한 분씩 배정이 되었다. 전문가들은 서너 명의 학생이 짠 책의 개요와 이후 말하기 수업을 위한 정책 제안 내용들을 세밀하게 봐주셨다. 전문적인 식견이 있는 분들이었기에 교사가 해주는 피드백보다 낫지 않았을까 싶다. 전문가들을 만나기 전까지 개요를 제대로 쓰지 못했던 학생들은 도서관 입구에서 교사를 붙들고 도움을 요청하기도 했다. 전문가보다는 교사가 더 말 붙이기 쉬웠을 테니까.

이를 위해 서울시교육청의 생태환경 교육 관련 예산을 미리 따기도 했다. 3년을 계속하면서 요령이 생겨 학습지나 학생 결과물 등 이전에 했던 자료들을 모아 전했는데, 회의 없이 SNS 소통만으로도 충분히 의사를 전달할 수 있었다. SNS를 통해 수업 중간에 요청할 것들도 얘기하고, 학생들 결과물을 보내주기도 했다.

(3) 책 쓰기

학생들은 전문가들에게 받은 피드백을 참고로 자신의 개요를 확정한다. 개요를 잘 짜야 채점 기준에 들어 있는 통일성과 초점화 부분을 만족시킬 수 있다. 전문가와 교사의 피드백으로 그 부분의 비계를 놓았다. 또한 '설명 방법 활용하여 쓰기' 성취기준에 도달할 수 있도록 개요별로 어떤 설명 방법을 사용할지 미리 계획을 세우게 했다. 설명 방법을 사용하여 글을 쓰는 것을 익히도록 하기 위해 각 설명 방법별로 문장을 만들어보도록 했다.

실제로 책 쓰기에 들어가기 전에 채점 기준표를 다시 한번 살피도록 했다. 아직도 감을 잡지 못하는 학생들을 위해 선배들의 책을 한 권 골라 직접 채점을 해보도록 했다. 각자 채점하고 눈높이를 맞추기 위해 모둠에서 점수를 합의해 보라고 한 뒤, 잘된 점과 부족한 점을 정리하게 한 것이다. 그리고 자신은 어떤 부분이 자신 없는지, 이를 어떻게 하면 극복할 수 있는지도 생각해 보게 했다.

채점 학습지

* 선배들이 만든 책을 하나 골라 채점을 해봅시다.

1. 모둠에서 북크리에이터의 책을 한 권 골라봅시다.
   (1) 책 제목(선배 이름):
   (2) 책을 읽고 난 소감:

2. 책을 읽고 채점을 해봅시다. 위 두 줄은 본인이, 맨 아랫줄은 모둠이 의논하여 함께 정합니다. ('수업 개요'에서 제시한 '나도 생태환경 작가' 채점 기준표 사용)

3. 선배의 책을 읽으면서 다음을 정리해 봅시다.

이렇게 해봐야지	이렇게는 하지 말아야지

4. 본인이 여전히 자신 없는 평가 요소는 무엇입니까? 그 이유는 무엇입니까? 어떤 노력을 하면 될까요?

평가 요소	
이유	
해야 할 노력	

드디어 책을 쓰는 시간! 매시간 초반에는 어떻게 써야 하는지에 관한 미니 레슨을 한 뒤 30분 정도 글을 쓰도록 했다. 학생들은 구글 문서와 크롬북을 이용하여 '들어가는 말'부터 작성했다. 학생들에게 책의 서문들을 살펴보게 하고 어떤 요소들이 들어 있는지 이야기하게 한 후 대략의 틀을 주었다.

'들어가는 말'은 어떻게 쓰나요?

- 왜 이 주제에 관한 책을 쓰게 되었나? (동기 - 3줄 이상)
- 내가 쓸 책에 대한 전반적인 소개 (1장부터 끝까지 내용 소개 - 3줄 이상)
- 이 책을 읽는 사람에게 당부의 말, 감사의 말

본문을 쓸 때는 자기 경험 이야기처럼 쉬운 이야기로 시작하도록 했다. 뉴스, 책, 영화 등으로 시작하는 것도 좋다고 했다. 괜찮은 자료를 미리 제시하여 학생들이 인터넷의 바다에서 헤매는 일을 줄이도록 도왔고, 인터넷 자료를 복사해서 붙이는 것을 방지하고자 초등학생도 이해할 수 있도록 풀어써야 한다고 강조하면서 인용하는 방법, 출처를 밝히는 방법을 가르쳤다. 자신의 글에 관한 책임과 윤리가 중요하고 채점 기준에도 이 부분을 넣었기에 시간을 들여 설명했다. 구글 클래스룸에는 '원본성 보고서 사용 설정' 기능이 있어서 자료를 복사해서 붙이면 교사가 다 알 수 있다고 학생들에게 미리 언급하며 직접 인용과 간접 인용을 활용해야 한다고 설명했다. 구글 문서에는 인터넷 자료의 출처를 밝힐 때 'URL 제목으로 대체'할 수 있는 기능이 있어서 이 또한 안내했다.

이 프로젝트를 시행했던 마지막 해에는 학생들이 ChatGPT를 사용하곤 했기에 개요 짤 때나 글을 쓸 때 도움을 얻을 수 있었지만, 이것도 인용 표시를 하도록 했다.

생태환경 관련 참고할 사이트

- 똑스 https://www.dokdok.co/bg
- 내셔널지오그래픽 매거진 https://www.natgeokorea.com/magazine/
- 동아사이언스 https://www.dongascience.com/
- 국가환경교육 통합플랫폼 https://www.keep.go.kr/
- 그린피스 https://www.greenpeace.org/korea/
- 기후변화 인식공동체 https://climatetimes.org/
- 한국채식연합 https://www.vege.or.kr/

'인용'은 어떻게 하나요?

1. 직접 인용: 3줄 이내로 짧게 인용할 때, 큰따옴표 하고 출처 표기
2. 간접 인용: '~에 따르면, ~에 의하면, ~라고 말한다'. 원래 문장을 요약하고 자기 말로 풀어쓰기

'출처'는 어떻게 밝혀 적나요?

1. 책: 책 제목, 작가, 출판사, 쪽수
2. 인터넷 사이트: 주소를 복사해서 붙여넣기 한 뒤 '엔터' 치고 파란색이 뜨면 주소에 커서를 올려놓아요. 아래에 'URL을 URL 제목으로 대체하시겠습니까?'라는 창이 뜨면 '예'를 클릭

'나오는 말'은 책을 쓰고 나서 느낀 점과 자신의 각오 등을 10줄 정도로 쓰도록 했다.

본문 내용을 다 쓴 학생들에게는 본문에서 설명 방법을 활용한 부분에 파란색으로 표시하고 설명 방법이 무엇인지 써보게 했다. 이는 성취기준과 직접적으로 관련이 있기에 구글 문서로 작성하는 동안 파일을 하나씩 열어 보며 피드백을 해주었다. 피드백은 채점 기준표에서 제시한 내용을 기준으로 설명 방법을 쓰는 부분, 자료를 풍부하게 선정하고 그에 관해 자신의 생각을 보태는 부분에 초점을 두었다('원본성 검사'의 도움을 받았다). 아울러 고쳐쓰기 성취기준에서 두 가지 항목을 뽑았는데, 내용이 통일성 있고 초점화되어 있어야 하고(이는 개요 단계에서 주로 피드백했다), 자신의 말로 이해하기 쉽게 풀어쓴 상태여야 한다고 강조했다. 피드백은 한 사람당 두세 번 정도 해주었는데, 글을 쓰는 도중에 지속적으로 실시했다.

4. 프로젝트 마무리와 평가

학생들이 자신의 글을 제출할 때, 몇 점을 받을 것인지 예상 점수와 그 이유를 적어내라고 했다. 이미 피드백을 통해 자신의 수준을 짐작하기 때문에 교사가 채점해서 돌려주는 점수와 크게 다르지 않다. 또한 처음과 얼마나 달라졌는지, 어떻게 성장했는지를 스스로 느낄 수 있도록 첫 시간에 표시했던 채점 기준표와 비교하여 달라진 점을 적어보게 했다. 또한 첫 시간에 세웠던 자신의 목표와 모둠원들과 세웠던 전략 또한 돌아보게 했다.

예상 점수와 이유 적기

예상 점수	17점(20점 만점)
이유 (5줄 이상)	환경책 주제에 맞는 자료를 열심히 모았지만 풍부하게 모으지는 못해서 7점을 받을 것 같다. 설명 방법 활용하여 글쓰기는 딱히 어떤 설명 방법을 써야지 하고 쓴 게 아니라 그냥 쓴 후에 활용한 설명 방법을 찾는 방식으로 했기 때문에 7점을 받을 것 같다. 고쳐쓰기는 글을 열심히 썼고 완성본도 나름 마음에 들지만, 객관적으로 완성도가 매우 높은 수준은 아닌 것 같아서 3점을 받을 것 같다.
예상과 달라진 점	처음에 글을 쓰기 전에 설명 방법 사용하여 글쓰기가 6점을 받을 것 같다고 예상했었는데, 그래도 설명 방법을 사용하긴 해서 7점을 받을 것 같다.

프로젝트 시작했을 때 세웠던 목표를 돌아보고 자신의 생각 적기

처음 목표	설명 방법 적절하게 사용하기
자신의 생각 (100자 이상)	처음에 쓰기 전에는 어떤 설명 방법을 써야 할지도 모르겠고, 괜히 의식해서 쓰면 문장이 이상해질 수도 있을 것 같아서 딱히 의식하지 않고 썼다. 의식하지 않고 쓴 뒤에 글 속에서 사용한 설명 방법을 찾는 방식이 설명 방법을 적절하게 사용하기에 적합한 것 같다.

프로젝트를 잘하기 위해 세웠던 전략, 실천 여부와 그에 대한 생각 적기

세웠던 전략	환경 관련 기사 많이 보기
전략 실천 여부와 그에 대한 생각	생활 속에서 실천했다기보다는 글을 쓰면서 많이 실천한 것 같다. 글을 쓰기 위해 자료 조사를 하면서 환경 관련 기사를 자연스럽게 많이 보았다.

전반적으로 프로젝트 과정을 돌아보게 하기 위해, 후배들이 이 프로젝트를 한다면 어떤 점을 조언하고 싶은지 적어보라고 했다. 그랬더니 자신이 수행 과정에서 부족했거나 어려웠던 점, 자신이 제대로 수행했던 점 등을 위주로 성찰의 글을 썼다.

후배들에게 조언하는 말

자료 조사를 할 때 책 위주로 하면 더 빠르게 많이 쓸 수 있고, 우리나라의 국가기관 사이트나 세계정보 사이트를 이용하면 수치 같은 것이 잘 나오니 이용하면 편하다.

나무위키는 찾아보지 말아라. 조별 과제 때 나무위키 찾는 사람들이 있다면 꼭 반성하길. 위키백과를 찾아보는 게 훨씬 좋을 것이라 생각한다. 나무위키는 주관적인 생각이 보다 많이 섞여 있어, 그나마 학술적인 정보가 기반인 지식백과나 뉴스 등을 추천한다. 쓸 때 자료를 많이 활용해야 들어갈 말이 많아지는 것 같다.

이 프로젝트를 진행할 경우 매체를 더 많이 찾아보고 비판적인 시선으로 보며, 자료를 잘 수집하는 것 또한 중요하다. 하지만 자신이 작성한 글이 주제에서 벗어나지 않았는지, 설명 방법을 제대로 사용했는지 계속해서 반추해 가며 글을 객관적으로 보고 이질적인 부분을 바로잡는 것 또한 중요하다.

설명 방법을 사용하는 것에 너무 초점을 두지 말고, 설명하는 글을 쓰다 보면 설명 방법은 자연스럽게 사용하게 되니까 편하게 글을 쓰고 이후에 어떤 설명 방법을 사용했는지 찾아보는 것도 나쁘지 않을 것 같다.

설명 방법을 활용하여 한 편의 완성된 글을 썼다고 해서 학생들이 이를 제대로 자기 것으로 만들 수 있을까? 수행평가로 글을 쓸 때는 교사의 지속된 도움으로 설명 방법을 활용했지만, 스스로 얼마나 할 수 있을지 확인하고 싶어서 기말고사에 관련된 서논술형 문제를 출제했다.

학생들이 서논술형 문제에 익숙하지 않다는 것을 감안하여 이전에 냈던 문제를 한번 풀어보게 했다. 혼자서 풀어본 다음, 채점 기준표를 확인하며 교사와 함께 자신이 쓴 답을 수정했다. 연습하고 나서 시험을 치러서인지, 문항이 쉬워서인지 학생들의 정답률이 매우 높았다.

출제했던 기말고사 문제

* 주어진 설명 방법을 이용하여 다음 그림에 대한 설명을 작성하시오. (16점)

(1) 비교와 대조 둘 다 제시할 것 (8점)

(2) 인과(원인과 결과)를 모두 제시할 것 (8점)

기말고사가 끝난 뒤 학생들은 '북크리에이터'라는 앱을 이용하여 자신이 쓴 글을 전자책으로 만들었다. 다양한 주제의 책 백여 권이 탄생했다. 마음껏 표지를 꾸미고 쓴 글을 '앉히면서' 과학 시간에 했던 내용을 끼워 넣었다.

과학 시간에는 자신이 쓴 책 내용과 관련된 과학적 이론과 자료를 찾아 정리하는 수업을 했다. 과학과 성취기준에 직접적으로 연결되지는 않았지만, 관련 용어를 정리한 내용과 그래픽 자료 등을 자신이 만든 환경책에 넣었다.

전자책은 링크 주소를 부여하여 패들렛에 업로드했다. 1번부터 끝번까지 해당하는 번호에 자신의 책 링크를 넣었고, 이를 도움을 주었던 환경활동가들과 1학년 후배들에게 공개했다. 후배들은 국어 시간에, 1학년 1반 1번은 2학년 1반 1번이 쓴 글을 꼼꼼하게 읽고 댓글로 피드백을 달아주었다.

광명이(가명)는 할머니와 단둘이 사는 중국인 학생이다. 한국말을 거의 알아들었지만 불리하면 못 알아듣는 척했다. 환경책을 만드는 과정에서 주제만 북극곰으로 정해놓고 매시간 달라붙어 잔소리하면 관련 자료를 조금씩 찾거나 자기 생각을 몇 줄 적을 뿐이었다. 기말고사가 끝나고 나서 후배들이 볼 수 있도록 패들렛에 자기가 쓴 책을 올린다고 했더니, 그때까지 별 관심이 없던 광명이가 갑자기 나에게 '들어가는 말'은 어떻게 쓰냐고 물었다. 내심 놀라면서도 '들어가는 말'에 써야 하는 것들을 알려주었더니 짧게나마 '들어가는 말'을 썼다. 아울러 이것저것 인터넷 자료를 찾아 5쪽짜리 책도 완성했다. 광명이의 행동을 보면서 학생들의 관심과 참여도는 수행평가 과제로 제출한다고 해서 생기는 것이 절대 아님을 깨달을 수 있었다. 후배들에게 자신의 작품이 공개된다는 생각이 광명이에게 동기 유발로 작용했던 것이다.

패들렛에 공개한 환경책

둘, 관악 TED

'우리가 만드는 지구' 프로젝트의 또 다른 한 축은 말하기 수행평가로 진행된 '관악 TED'였다. 시기적으로 '나도 생태환경 작가'와 동시에 진행되었는데, 외부 전문가에게 피드백을 들어야 하는 상황이었기에 다른 선택을 할 수 없었다.

1. '도전 30'과 정책 제안

학생들은 초등학교 때부터 기후 위기에 관해 많은 이야기를 들어왔고 다양한 실천도 해왔다. 하지만 그런 것들이 실제로 학생들의 삶을 변화시켰을지는 의문이다. 그래서 더 자주, 계속해서 기후 위기에 관한 수업을 해야 하는 건지도 모른다. 하지만 달리 생각해 보면, 초등학교 때부터 해왔던 기후 위기와 관련된 수업이 대부분 짧게 이루어졌거나 배운 내용을 별다른 고민 없이 실천해 왔기 때문일 수도 있다. 수업이 학생들의 삶을 변화시키려면 뭔가 진득한 실천과 성찰을 바탕으로 세상에 목소리를 내는 경험이 필요하다고 생각했다.

그 시작은 실천 과제를 정해 30일간 실천하는 '도전 30'이었다. 기후 위기와 관련된 책들을 읽다 보면 '나도 한번 해볼까!' 싶은 다양한 실천 방법을 만날 수 있다. 학생들이 그것들을 지속적으로 해나갈 수 있게 멍석을 깔아주고 싶었다. 그래서 학생들에게 기후 위기를 헤쳐 나갈 수 있는 실천이 잘 드러난 책들을 훑어보며 자신이 미처 생각해 보지 못했지만 한 번쯤 실천해 보고 싶은 과제들을 정리하게 했다. 모둠별로 대여섯 권 정도의 책을 나눠주고 그것을 읽으며 도전할 만한 실천 과제를 10개 정도 뽑는다. 그중에서 조건에 맞는 실천 과제를 하나 정하면 된다.

'도전 30' 학습지

1. 아래 책들을 읽고, 나도 실천해 보고 싶다고 생각하는 일을 10가지 추려봅시다. (이전에 잘 몰랐던 내용, 참신하다고 생각한 내용 위주로 적기)

대상 도서
그건 쓰레기가 아니라고요 / 무해한 하루를 시작하는 너에게 / 에코왕 챌린지 / 오늘을 조금 바꿉니다 / 우린 일회용이 아니니까 / 줄이는 삶을 시작했습니다

2. 위의 내용을 바탕으로 앞으로 30일간 실천할 일들을 생각해 봅시다.

실천하려는 일	
그 일을 고른 이유 (50자 이상)	
우려되는 점	

[조건]
- 이왕이면 나의 진로와 관련이 있을지 생각해 봅시다. (예) 나는 가방 디자이너가 되고 싶다. 요즘 플라스틱 병뚜껑으로 만든 가방이 있다. 이와 관련하여 나는 플라스틱 병뚜껑을 색깔별로 모아 재활용센터에 드리고 싶다.
- 평소에 잘 실천하지 않았던 부분을 생각해 봅시다.

- 가능한 1~3일에 한 번씩 실천할 수 있는 내용이 좋습니다. (not 미니 태양광 발전소 설치하기)
- 인증샷이 가능한 구체적인 내용으로 정해봅시다. (not 일회용품 쓰지 않기 but 에코백 들고 다니기 / not 음식 남기지 않기 but 점심 식사 때 식판 깨끗이 비우기)

3. 위에서 결정한 내용을 30일간 꾸준히 실천해 봅시다. 자신의 실천 결과를 패들렛에 올리면서, 실천을 했다면 혹시 하지 않았다면 왜 그랬는지 이유를 적어봅시다.
   (1) 캔바, 망고보드, 미리캔버스 등을 이용하여 [간단한 이미지 + 실천 과제]를 만들어 패들렛에 올리기
   (2) 자신이 고른 이유 적기 (발표 내용)
   (3) 30일간 매일 실천했는지 여부 작성하기(이유가 중요합니다) + 인증샷 올리기(발표 내용) - (예) 9월 19일(월) 실천 못 함: 페트병에서 라벨을 떼어내는 일을 까먹었다. 습관이 되지 않아서 쉽지 않다. 아예 라벨이 없었으면 좋겠다. → S 회사에 '페트병에 라벨을 없애주세요'라고 정책 제안

학생들은 자신이 실천할 것을 정하고, 그것을 고른 이유와 실천하는 데 우려되는 점 등을 적는다. 그리고 캔바, 미리캔버스 등을 이용해 자신이 실천할 미션을 간단히 만들어 패들렛에 올렸다.

그다음 국어 시간부터 국어교과실에 들어오자마자 크롬북을 열고 자신의 미션을 완수했는지 여부와 완수하지 못했다면 그 이유를 적도록 했다. 아울러 인증샷도 올리게 했다. 학생들이 꾸준히 실천한 내용들이 패들렛에 차곡차곡 쌓여갔다.

이러한 실천을 꾸준히 하는 것도 의미 있지만, 내가 생각한 큰 그림은 다른 데에 있었다. 실천이 어려운 이유를 학생들이 직접 느껴보도록 하고 싶었고, 이를 시스템 문제와 연결해 보면 좋겠다고 생각한 것

이다. 자기 손에 빈 캔이 있을 때 쓰레기통을 본다면 아무 고민 없이 거기에 캔을 넣을 것이다. 그러나 만약 분리배출이 가능한 쓰레기통이라면 캔을 버리는 곳에다 넣게 될 것이다. 길에다 분리배출이 가능한 쓰레기통을 두는 것은 개인이 정할 수 있는 게 아니지만, 한 번쯤 생각해 볼 문제이지 않을까. 또 카페에 텀블러를 가져가면 할인을 많이 해준다고 하면 사람들이 자연스럽게 텀블러를 챙겨 다니게 될 것이다.

학생들이 자신의 미션을 제대로 실천하지 못하는 것이 단지 의지 박약의 문제만은 아니라는 이야기를 하고 싶었다. 기업이나 정부가 바뀌면, 혹은 바뀌도록 하면 개인이 기후 위기를 막기 위한 행동을 훨씬 쉽게 할 수 있다. 그래서 학생들이 자신의 사고를 확장하여 시스템이나 제도를 바꾸기 위해 필요한 목소리를 낼 수 있게 하고 싶었다.

학생들이 미션을 실천하는 데 한계가 있음을 깨닫고 이를 정책 제안으로 연결하기 위해서는 정책이 무엇인지 감을 잡을 수 있어야 한다. 그래서 정책에 대해 설명한 뒤 좋은 정책이란 어떤 것인지 적어보게 했다. 친구들의 발표를 듣고 좋은 정책의 특징을 찾아보게 한 다음, 중앙선거관리위원회 사이트에서 각 정당의 기후 위기 관련 정책을 살펴보도록 했다. 여러 후보의 선거 공약에 어떤 환경정책이 드러나 있는지 찾아보게 했는데, 학생들에게서 불만의 목소리가 터져 나왔다. "아니, 왜 이렇게 우리나라 정치인들은 기후 위기 문제에 관심이 없어요?", "미세먼지만 심각한 문제인가요? 그 정책밖에 안 보이는데요." 등등. 범위를 좁혀서 우리 지역 지자체 선거 공약을 살펴보게 했더니 "이건 좀 낫네.", "왜 이런 걸 내세우고 안 지켜." 등등 의견이 분분했다. 이후에는 외국의 환경정책 사례를 찾아보게 했다. 찾아볼 만한 사이트를 구글 클래스룸에 게시해 두고 이것 말고도 더 찾아보라고 했더니, 학생들은 탄성을 지르며 왜 이런 정책을 우리는 실현하지 않느냐고 물었다.

> 교사: 그러니 얘들아, 다음 선거에서는 꼭 기후 위기 관련 정책에 관심을 보이는 정치인을 뽑으라고.
>
> 학생: 저희는 선거권이 없어요.
>
> 교사: 너희가 꼼꼼하게 검토하고 부모님께 미래를 위해 어떤 사람 뽑으시라고 말씀드리렴.

'정책 만들기' 관련 학습지

1. 좋은 정책은 어떠해야 하는지 적어봅시다. (50자 이상)

2. 친구들이 발표한 내용을 바탕으로 좋은 정책의 특징을 정리해 봅시다.

3. 다음 사이트에서 다양한 정책을 살펴봅시다.

(1) 중앙선거관리위원회 사이트 – 각 정당의 환경정책을 살펴봅시다. 어떤 것이 마음에 듭니까?

(2) 해외 우수 환경정책 사례(구글 클래스룸의 사이트 참조) – 마음에 드는 정책을 골라봅시다.

자신이 실천하느라 곤란을 겪었던 문제를 더 효율적으로 해결할 수 있는 정책을 만들어보게 했다. '넛지'의 개념을 설명하며 많은 예산

이 들어가는 것보다는 작은 것을 바꿔서 큰 효과를 낼 수 있는 방법을 생각해 보라고 했다. 나중에 학생들의 이야기를 들으니 '넛지' 때문에 정책을 만들 때 엄청 고민을 많이 했다고 한다. '이렇게 생각해 보면 좋겠다.' 정도를 바란 것인데, 학생들이 너무 어렵게 생각한 것 같다.

정책 제안 내용 만들기

* 내가 개인적으로 실천한 문제를 더 효율적으로 해결할 수 있는 정책을 만들어봅시다. 예산을 많이 쓰지 않고 할 수 있는 정책을 고민해 봅시다. 정책을 어디에(회사, 국회의원, 시청, 구청 등) 제안할 수 있는지 생각해 봅시다.

정책	
제안 이유	
제안할 곳	

- **정책 제안**: 개인이나 단체가 기존 정책을 개선하거나 신규 정책을 제안하기 위해 의견을 밝히고 대안을 제시하는 것. (예) 플라스틱 포장재를 분해 가능한 포장재로 바꾸어주세요. (회사에 정책 제안하기)
- **넛지(Nudge)**: '옆구리를 슬쩍 찌르다.'라는 뜻. 누군가의 강요가 아닌 자연스러운 상황 속에서 올바른 선택을 하도록 돕는 일. (예) 정크푸드의 유해성을 강조하기보다 과일을 눈에 띄는 곳에 놓아둔다. 불법 투기가 많은 장소에 '쓰레기 불법 투기 금지'라는 문구보다 예쁜 화단을 설치한다. 쓰레기통 위에 농구 골대 백보드 모양을 붙여놓는다. 휴지심을 네모로 만든다.

어디에 어떤 내용의 정책을 제안할 것인지 적어보게 한 뒤, 이 내용을 환경단체에서 활동하는 전문가들이 왔을 때 피드백을 받았다. 교

사의 피드백보다 훨씬 전문성이 있었다. 학생들에게는 전문가들이 해
준 피드백 내용을 공책에 정리하도록 했다. 그리고 다음 시간에 미리
알아둔 전문가들의 이메일 주소를 학생들에게 알려주고 감사 메일을
보내게 했다. 학생들이 의외로 이메일 쓰는 방법을 몰라서 생각보다 시
간이 오래 걸렸다.

이어서 학생들에게 정책 제안서 쓰는 방법을 설명하고 주어진 틀
에 맞게 근거 자료를 조사하여 정책 제안서를 쓰게 했다. 그것을 전문가
들에게 이메일로 보내 피드백을 받게도 했다. 전문가들은 정책의 실현
가능성, 더 찾아보면 좋을 자료, 어떤 기관에 보내는 것이 더 효과적인
지 등등 성의껏 학생들에게 답을 해주었다. 전문가들이 괜찮다고 답을
주면 학생들은 기업이나 정부 기관 등에 자신이 생각한 정책을 제안하
는 글을 올렸다.

2. 발표 자료 만들기

'관악 TED' 발표를 위해 슬라이드에 발표 자료를 만들게 했다. TED가
무엇인지 잘 모르는 학생들을 위해 인터넷에서 TED 영상을 찾아 멘토
텍스트를 분석하도록 했다.

> 교사: 자, 마음에 드는 강연을 골라 강연 내용, 본받을 점, 매체 활용 방법
> 등을 적어보도록 해요. 그리고 모둠별로 어떻게 발표하는 것이 효과
> 적인지, 매체는 어떻게 사용하는 것이 효과적인지 논의해 보세요.

제목		강연자	
강연 내용			
본받을 장점			
매체 활용			

성취기준에 '매체 자료의 활용이 효과적이었는지 판단하며 듣는 것'이 있었기 때문에, 발표할 때 매체 자료를 꼭 사용하도록 했다. 이때 학생들이 별로 접해보지 않았을 인포그래픽을 만들어보게 했다. 인포그래픽이 무엇인지 잘 모를 것 같아서 이 또한 멘토 텍스트를 분석하는 과정을 거쳤다. 마음에 드는 인포그래픽 하나를 골라 그 내용과 본받을 만한 장점을 적고, 마찬가지로 친구들과 어떻게 만드는 것이 효과적인지 논의하게 했다. 이후 학생들은 본인의 주제와 관련지어 어떤 정보들을 시각화하고 싶은지 계획을 세웠다. 학생들은 '도전 30'과 정책 제안을 하면서 경험했던 것을 정리하여 발표 개요에 맞게 필요한 슬라이드를 만든다.

매체 자료 만들기

* **강연에 사용할 매체 자료를 만들어봅시다. (인증샷, 인포그래픽은 반드시 있어야 합니다.)**

1. 인포그래픽 하나를 골라 분석해 봅시다.

제목		만든 곳	
인포그래픽 내용			
본받을 장점			

2. 말하기 주제와 관련지어 나는 어떤 정보(통계, 자료)를 시각화하고 싶은가요? (이미 있는 것을 더 보기 좋게 가공해도 좋습니다.) **내용을 간략히 적어봅시다.**

3. **간단히 그림으로 표현해 봅시다.** (이후 미리캔버스, 망고보드, 캔바 등을 이용하여 만듭니다.)

이러한 수행에 도움을 주기 위해 선배들이 했던 '관악 TED' 영상 중 하나를 골라 채점 기준표에 맞게 채점을 해보게 했다. 처음에는 개인적으로 채점을 하고, 이어 모둠에서 합의하며 기준을 공유한다. 특히 매체의 효과를 평가하는 것이 쉽지 않기 때문에 선배들이 사용한 매체 자료의 효과를 판단해 보고 근거를 쓴 다음, 어떻게 매체를 사용해야 효과가 있을지, 그것을 판단하려면 어떤 근거들이 필요한지 모둠에서 논의하게 했다.

3. 발표와 프로젝트 마무리

실제 발표 수행을 하기 전에 학생들에게 개인적으로 연습할 시간을 준다. 혼자서 슬라이드를 보며 중얼중얼 연습하게 한 뒤, 모둠에서 일어나 친구들 앞에서 발표 연습을 한다. 자신들이 겪었던 일을 중심으로 발표하는 것이기에 인포그래픽에 나오는 근거 자료를 설명할 때를 제외하고는 슬라이드를 보지 않고 특별한 대본 없이도 잘한다. 자신이 오랫동안 고민했던 내용이기에 그럴 것이다.

학생들이 발표하는 모습은 모두 촬영한다. 일부는 후배들을 위한 보조 자료로 쓰일 수 있다고 공지를 해둔다. 친구들이 발표하는 동안 학생들은 매체 자료의 효과를 판단하는 내용을 중심으로 공책에 친구 발표를 기록한다. 찍은 영상은 학교 구글 드라이브에 모두 올리는데, 학생들은 발표가 끝난 후 자신의 영상을 보면서 스스로 채점을 해본다. 자신이 받을 것 같은 점수와 그 이유를 적어 구글 클래스룸으로 제출하면 교사는 실제 점수를 알려준다.

'나도 생태환경 작가' 프로그램처럼 자기가 생각했던 점수와 비교해 보고, 목표를 돌아보고, 후배들에게 할 말도 적어본다. 또한 전체 프로젝트의 마무리이기 때문에 '우리가 만드는 지구' 프로젝트를 통해 어떤 능력이 향상되었는지, 이 프로젝트는 자기에게 어떤 의미였는지도 적어보게 했다.

내가 겪었던 어려움은 책을 쓸 때와 발표 준비를 할 때 적절한 자료를 찾는 것이었다. 워낙 자료가 많아서 무엇을 활용할지 고민이 됐는데, 결국에는 가장 믿을 만한 기사와 지식백과를 사용했다. 글쓰기 능력과 인포그래픽, PPT 만들기, 그리고 글을 쓰기 위한 인내심 등이 길러졌다. 이 프로젝트는 정책 제안을 해볼 수 있어서 상당히 귀중한 경험이었고, 앞으로의 프로젝트에 매우 도움이 될 것 같다.

이번 프로젝트에서 첫 번째로 어려움을 느꼈던 것이 바로 '도전 30'이었는데, 매일 똑같은 것을 계속 실천하는 것이 말처럼 쉽지 않았다. 이를 극복하기 위해 나는 직접 생활계획표에 '도전 30'이라는 시간 블록을 넣었다. 그렇게 어려움을 극복한 뒤 발표 자료를 본격적으로 쓸 수 있었는데, 발표 자료를 쓰면서 글쓰기 능력뿐 아니라 독해력도 향상된 것 같다. 나는 이 프로젝트가 기후 위기의 심각성을 깨우치고 우리의 다양한 능력을 발휘하게 해주는 프로젝트인 것 같다.

마지막으로 이 프로젝트를 통해 어떤 것들을 배웠는지 핵심어를 이용하여 일반화 문장을 만들어보게 했다. 개인적으로 만든 후 모둠에서 공유하고, 그것을 다듬어 학급의 일반화 문장으로 만들었다.

'우리가 만드는 지구'를 통해 모둠원들과 의사소통, 독자·청자와 공감하며 청중 요구를 듣는 법, 그리고 생태에 대한 자기표현을 하는 법을 배웠다.

↓

독자·청자의 요구에 따라 함께 의사소통하며 생태에 대한 자기표현을 하는 법, 이를 통해 글쓰기를 했다.

↓

의사소통을 통해 청중의 요구를 들어줄 방안을 모색하며, 발표와 책 쓰기를 통해 생태에 대한 자기표현을 할 수 있다.

4. 생태환경 축제

학생들의 TED 발표가 한 학급 안에서만 끝나는 게 아쉬웠다. 전교생을 대상으로 이러한 실천을 알리고 싶어 연말에 생태환경 축제를 기획했다. 거창하게 '생태환경 축제'라 명명했지만, 실제로는 학생들이 여러 과목에서 기후 위기에 관해 수업한 것들을 공유하는 자리였다. '관악 TED'를 비롯하여 음악 시간에 했던 '보이는 라디오', 도덕 시간에 했던 발표 수업 등을 나누는 학습 축제이다. 전교 회장, 부회장이 사회를 보고 신청이나 추천을 받아 2시간 정도의 프로그램을 진행했다. 도서관에서 발표하는 것을 전교에 방송으로 내보내고, 교실에서 듣는 학생들은 간단한 학습지를 작성한다. 거창하지는 않지만, 우리 학교의 기후 위기 수업을 돌아볼 수 있는 기회였다.

발표를 들으며 작성하는 학습지

1. 학생들의 발표를 듣고 다음 표를 채워봅시다.

순서	이름	제목	발표 내용 & 새롭게 알게 된 점	궁금한 점
1	오○훈	플라스틱, 과연 편하기만 할까?		
2	방○태	페트병 키우기		
3	염○원	플라스틱 없는 삶		

4	한○건	너무 많아도 안 좋은 텀블러		
5	장○영	재활용의 걸림돌, 페트병 라벨		
6	김○현	자연을 지키는 작은 걸음		
7	전○열	텀블러 사용		
8	장○원	식사하고 가실래요?		
9	유○원	비닐을 줄이는 작은 실천		
10	진○아	불필요한 메일 삭제하기		

2. 발표를 듣고 나서 소감을 적어봅시다. (자신이 실천하고 싶은 내용을 중심으로 적어보세요.)

셋, 기후 위기 융합수업

1. 사회

사회과는 환경 관련 문제를 직접적으로 다루는 성취기준이 있다. 하지만 다른 성취기준에서도 얼마든지 환경과 관련한 수업이 가능하다.

1학년에서 지속 가능한 자원 개발을 다루면서 기후 위기 문제를 다루었다. 기후 위기 관련 영상을 보면서 기후 위기의 심각성을 깨닫도록 한 것이다. 또한 지속 가능한 자원 개발 사례를 모둠별로 조사하여 발표하기도 했다.

3학년에서는 환경 정책을 만드는 수업을 했다. 우선 정당의 환경 정책을 모둠별로 분석한다. 맡은 정당의 환경 정책을 찾아 목표와 이행 방법을 맵핑하고, 정당에서 내세운 재원 조달 방법을 살핀 다음 정당의 정책에 관해 평가를 내려본다. 좋은 점과 나쁜 점을 생각해 보고 이를 공유한다. 이후 모둠별로 내용을 종합하여 모둠의 환경 공약을 만들어 이를 게시하고 다른 친구들에게 평가받는다.

	2015 교육과정	2022 교육과정
1학년	[9사(지리)06–03] 지속 가능한 자원의 개발 사례를 조사하고, 그것의 긍정적·부정적 효과를 평가한다.	[9사(지리)12–01] 우리나라 주요 식량 자원 및 에너지 자원의 소비 현황과 수입국 현황을 분석하여 이와 관련된 문제를 파악하고, 자원의 지속 가능한 확보 방안을 모색한다.

3학년	[9사(일사)03-01] 정치의 의미와 기능을 이해하고, 정치 생활에서 국가와 시민이 수행하는 역할을 탐구한다.	[9사(일사)04-02] 정치 활동에 참여하는 다양한 정치 주체의 역할을 탐색하고, 정치 과정의 의미를 설명한다.

2. 과학

과학 1학년 성취기준에는 생물 다양성에 관한 내용이 나온다. 생물 카드를 활용하여 생물 다양성 및 분류 체계를 이해한 뒤, 책을 참고하여 보전하고 싶은 생물 종을 선택하고 조사한 내용을 패들렛에 올린다. 미술 시간에 멸종 위기 생물 도안을 그리고 과학 시간에 이어받아 아크릴 무드등을 만들었다. 원래 계획으로는 영어 시간에 이에 관한 영어 말하기 평가를 진행하려 했으나 교사가 갑자기 바뀌는 바람에 실행할 수 없었다.

2학년에는 해류에 관한 내용이 나온다. 2015 교육과정에서는 우리나라 주변의 해류로 범위가 한정되었는데, 2022 교육과정에서는 그 제한이 사라졌다. 《내일 지구》를 읽고 기후 위기의 되먹임 현상에 관한 내용을 정리하고 모둠별로 토의하여 발표 자료를 준비한 뒤, 이를 확실하게 이해할 수 있도록 지식 시장을 여는 수행평가를 실시했다.

	2015 교육과정	2022 교육과정
1학년	[9과03-03] 생물 다양성 보전의 필요성을 이해하고, 생물 다양성 유지를 위한 활동 사례를 조사하여 발표할 수 있다.	[9과02-05] 생물 다양성 보전의 필요성을 이해하고, 생물다양성 유지를 위한 방안을 조사하고 실천할 수 있다.

2학년	[9과14-03] 우리나라 주변 해류의 종류와 특성을 알고 조석 현상에 대한 자료를 해석할 수 있다.	[9과18-03] 대기 대순환과 해양 표층 순환과의 관계를 이해하고, 기후변화에 영향을 미치는 해류의 역할을 설명할 수 있다.

3. 도덕

도덕은 성취기준에 자연과 인간의 조화에 관한 부분이 있다. 해마다 이 성취기준은 도덕 교사의 취향에 따라 다양한 수업이 진행된다. 국어과와 함께 기후 위기에 관한 책을 읽힌 뒤 다양한 기후 위기 원인과 관련한 영상을 보고 토의를 하기도 하고, 탄소중립을 위해 할 수 있는 일을 찾는 활동을 하기도 했으며, 이를 정리하여 카드뉴스로 발표하기도 했다.

	2015 교육과정	2022 교육과정
2학년	[9도04-01] 인간과 자연의 조화를 통한 삶의 중요성과 환경보호의 필요성을 다각적으로 이해하고, 생태 지속 가능성의 관점에서 소비 생활과 환경에 대한 가치관을 평가해 보며, 환경친화적인 실천 기술을 익힐 수 있다.	[9도04-01] 인간 이외의 생명체를 도덕적으로 고려해야 하는 이유를 정당화하고, 생명을 가진 존재들이 겪는 고통에 공감하며 생명을 소중히 여기는 태도를 기른다. [9도04-02] 자연에 대한 동양과 서양의 주요 입장들을 토대로 인간과 자연의 바람직한 관계를 도출하고, 환경 위기에 대한 윤리적 책임을 구체화하여 실천할 수 있다.

4. 기술·가정

기술 과목에는 건설, 에너지와 관련된 성취기준이 있다. 이를 바탕으로, 해마다 주택을 만드는 수업을 하던 기술 교사와 친환경 주택을 만드는 융합수업을 진행했다. 자연 에너지 이용, 에너지 소비 최소화, 자원 재활용 분야, 친환경 건설 재료 분야, 생태환경 조성 분야, 패시브 하우스 분야 등으로 나누어 모둠별로 조사하여 발표하고, 이 원리를 주택 설계에 적용해 보도록 한 것이다. 그러고 나서 이를 드러낼 수 있는 주택 모형을 만들어보라고 했다.

에너지 절약 주택 만들기 계획

1. 우리 모둠 구성은?

이름	역할	해야 할 일
	리더	모둠 구성, 학습 자료 분담하기 및 모으기, 학습 자료 만들기
	발표 자료 정리	학습 자료 만들기, 발표 자료 정리하기
	발표	학습 자료 만들기, 발표 준비 및 진행, 발표하기
	학습 문항, 학습지 제작	학습 자료 만들기, 모둠원 4문항 이상 정리하기

2. 모둠에서 정해진 친환경 주택의 주제는? 번호 선택

	구분	이용
①	자연 에너지 이용	태양열, 태양광, 풍력, 지열, 바이오 에너지 등
②	에너지 소비 최소화	단열재와 3중창 및 대형 창문 사용, 고효율 제품 사용(환기장치, 보일러, 냉난방기, 조명, 가전기기 교체), 광덕트 및 광섬유 설치 등

③	자원 재활용 분야	생활 오수, 빗물 재활용(중수) 시설, 폐열 재활용 시설, 음식물 쓰레기 처리 등
④	친환경 건설 재료 분야	흙, 돌, 나무, 볏짚 등 친환경 재료 이용
⑤	생태환경 조성 분야	실외 녹화, 건설 구조물 녹화(벽면 녹화, 옥상 녹화), 실내 녹화, 생태 연못
⑥	패시브 하우스 분야	결로와 곰팡이가 없는 쾌적하고 건강 주택이 될 수 있는 패시브 하우스의 3가지 조건

3. 내가 찾아 정리한 친환경 주택의 조건은?

4. 검색한 자료를 적어봅시다.

검색어	출처	검색 내용 요약

　　가정과에서는 의생활, 합리적인 소비와 관련된 수업을 하면서 기후 위기 문제를 다루었다. 수선이 가능한 의복을 재사용하자는 의미에서 학생들에게 바느질을 가르쳤다. 폐기물을 재활용하여 만든 제품으로 브랜드를 만들어 론칭하고 친구들을 상대로 홍보하는 활동을 하기도 했다.

	2015 교육과정	2022 교육과정
기술	[9기가04-06] 건설 기술의 특징과 발달 과정을 이해하고 최신 건설 기술을 탐색하여 건설 기술의 발달 전망을 예측한다. [9기가04-07] 건설 기술과 관련된 문제를 이해하고, 해결책을 창의적으로 탐색하고 실현하며 평가한다. [9기가04-14] 에너지와 관련된 문제를 이해하고 해결책을 창의적으로 탐색하고 실현하며 평가한다.	[9기가03-04] 기술적 문제 해결 방안을 시각화하고 도면을 작성하며, 올바른 도구를 선택하여 시제품 또는 모형을 제작 및 평가하는 과정에서 협업 능력, 공감 능력과 의사소통 능력을 기른다. [9기가03-11] 에너지와 관련된 문제를 발견하고 창의적인 해결 방안을 탐색하여 실현하고 평가한다.
가정	[9기가02-04] 의복 마련에 필요한 요소를 분석하여 의복 마련 계획을 세우고 의복의 형태와 종류를 선택한다. [9기가03-03] 의복을 재활용하는 방법을 탐색한 후, 이를 창의적이고 친환경적인 의생활에 적용한다. [9기가03-04] 청소년기 소비 성향과 소비 환경을 이해하고, 구매 의사 결정 과정을 통해 합리적인 소비생활을 실천한다.	[9기가02-06] 지속 가능성을 고려하여 의복 마련 계획을 세우고, 이를 창의적이고 친환경적인 의생활에 적용한다. [9기가02-11] 급변하는 소비 환경의 변화를 이해하고, 다양한 소비자 정보를 비판적으로 분석하여 자신의 소비생활에 활용한다. [9기가02-12] 청소년 소비자의 특성을 이해하고 소비자 의사 결정 과정을 통한 합리적인 소비생활을 실천한다.

5. 음악

음악 수업은 애초에 국어과와 함께 '보이는 라디오'를 진행하려고 했다가 국어과의 진도가 늦어지는 바람에 단독으로 기후 위기와 관련된 '보이는 라디오'를 진행했다.

학생들은 다른 과목에서 배운 기후 위기 관련 지식을 중심으로 어울리는 노래를 찾아 라디오 대본을 썼고, 친구들 앞에서 '보이는 라디오'를 진행했다.

	2015 교육과정	2022 교육과정
1학년	[9음02-03] 음악을 듣고 역사적·문화적 배경 속에서 음악의 특징을 설명한다. [9음03-01] 음악과 관련된 다양한 행사에 참여하고 행사에 대해 평한다.	[9음02-04] 생활 속에서 음악을 들으며 다양한 감성과 가치를 인식하고 존중한다.

수업을 마치며

성취기준은 우리가 도달해야 할 최대치가 아니라 최소치다. 반드시 이를 이수해야 하는 것은 기본이고, 교사는 그 너머에 있는 더 크고 원대한 목표를 가지고 있어야 한다. 학생들이 기후 위기를 진짜 자기 문제로 여겼으면 좋겠다든지, 실제로 그 일을 업으로 삼는 사람들을 만나 영감을 받으면 좋겠다든지…… 성취기준을 계단 삼아 이룰 수 있는 목표는 다양할 것이다.

하지만 어떤 수업을 설계할 때 그것을 왜 하고 싶은지, 왜 해야 하는지에 관한 생각이 분명해야 수업을 하면서도 교사의 열정이 학생에게 전달될 것이고 학생도 영향을 받을 것이다. 여러 교과 교사들이 협의하면서 학생에게 전달하려는 메시지에 초점을 맞춘다면 효과가 더 클 것이다. 학생들은 과목이 다르더라도 세상은 분절적이지 않다는 걸 느끼게 될 것이고, 교사는 함께하는 데서 오는 시너지를 얻을 수 있을 것이다. 교사와 학생이 한뜻으로 소통하는 공동체를 만들어간다면 구성원은 그 안에서 따뜻함을 맛볼 수 있게 되지 않을까.

교과 융합 프로젝트 수업

시와 함께하는
우리 동네 한 바퀴

이한솔

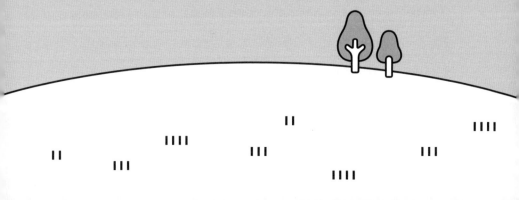

수업 개요

'시와 함께하는 우리 동네 한 바퀴'는 '국어, 사회, 영어, 목공예(자유학기제 예술프로그램)' 과목의 융합 프로젝트 형식으로 진행된 수업이다. 교과 융합수업의 목표는 '젠트리피케이션의 위기 속, 우리 동네의 가치와 정체성 찾기'였다.

　내가 근무하고 있는 중앙중학교는 서울의 대표 관광지 중 하나인 북촌에 위치하고 있다. 학교 주변은 북촌한옥마을을 방문하는 관광객들로 연일 붐비지만, 점점 높아지는 가게 임대료로 인해 마을 주민들은 다양한 고민을 품고 생활하고 있었다. 북촌에 뿌리를 두고 살아가던 주민들이 떠난 자리를 채우는 프랜차이즈 업체들을 바라보며, 우리 삶의 터전인 '마을'의 정체성에 대해 고민해 볼 시간이 필요하지 않을까 생각해 보았다. 그래서 우리 동네의 새로운 일원이 된 중학교 1학년 학생들과 함께 마을이 직면하고 있는 사회 현안을 주제로 삼아 전체 수업을 진행하고, '마을 스탬프 투어'와 '마을 가게 시집 출판'을 통해 활동의 결과를 의미 깊게 남겨보기로 했다.

　학생들의 시각을 '나'에서 '타인'으로 옮기기 위해서는 다양한 교과 수업을 통해 삶의 문제를 다각적으로 바라보는 과정이 필요하다. 또한 수업에서 전하는 메시지가 단순히 삶에 대한 시각을 확장해야 한다는 당위에 그치지 않으려면, 수업 과정에서 진행되는 활동이 우리 삶의 문제를 해결하기 위한 실마리를 마련해 줄 수 있다는 것을 학생들 스스로 느껴볼 수 있도록 수업을 구상할 필요가 있다. 동료 교사들과 2월 한

달 동안 머리를 맞대며 고민해 본 각 교과별 수업 활동 내용은 다음과
같다.

시기별·교과별 수업 내용

	사회	국어	영어	목공예
4월	젠트리피케이션 현상 이해하기			
5월		우리 동네 답사 활동		
5월	답사 보고서 작성하기	답사에서 만난 공간에 대한 수필 쓰기	외국인 관광객에게 우리 동네 소개하기	
6~7월		인터뷰를 통해 마을 시 창작하기		마을 가게 스탬프 만들기
6~7월	마을 스탬프 투어 지도 만들기		학생 창작시 영어로 번역하기	마을 가게 스탬프 만들기
10월	수업 활동 발표회 및 북촌 스탬프 투어 진행하기 (한글날 기념행사)			

사회과 – 지도로 만들어가는 우리 마을

학생들은 먼저 사회 수업을 통해 우리 동네의 다양한 공간을 '오래된
가게'와 '프렌차이즈'로 나누어보며, 우리 동네가 당면한 문제인 '젠트
리피케이션'에 대해 고민해 보는 시간을 가졌다. 수업 과정을 통해 젠
트리피케이션의 해결을 위해서는 우선 우리의 인식이 선행되어야 한다
는 가치를 공유했으며, 이를 위해 마을의 정체성을 품고 있는 가게들을
중심으로 '북촌 스탬프 투어'를 진행하기 위한 지도를 만들어보는 활동
을 진행했다.

관련 성취 기준

2015 교육과정	2022 교육과정
[9사(지리)01-02] 공간 규모에 맞게 위치를 표현하고, 위치의 차이가 인간 생활에 미친 영향을 설명한다. [9사(지리)01-03] 지리 정보가 공간적 의사 결정에 미친 영향을 분석하고, 일상생활에서 지리 정보 기술을 다양하게 활용한다.	[9사(지리)07-02] 우리나라 행정구역과 주요 도시의 위치를 파악하고, 자신이 살고 있는 곳의 장소성과 장소감을 표현한다. [9사(지리)07-03] 다양한 지리 정보와 매체를 활용하여 우리 지역의 문제를 선정하고 지리적으로 시각화한다.

수업 활동 과정

차시	수업 내용
1	**지리 정보가 공간적 의사 결정에 미친 영향 알기** - 지리 정보 체계에 대한 개념 학습하기
2~3	**우리 동네의 지리 정보 조사하기** - 배경지식을 기반으로 우리 동네의 특징 파악하기 - 우리 동네의 가게들을 '오래된 가게'와 '프렌차이즈'로 나누어보며 지역사회가 당면한 문제 이해하기
4	**지역사회 답사 활동 진행하기** - 국어 교과와 함께 지역사회 답사 활동 진행하기
5	**답사 보고서 작성하기** - 답사를 통해 우리 동네의 지리적 특징을 담은 보고서 작성하기
6~8	**지역사회 문제 인식 및 개선 방안 논의하기** - '한 학기 한 권 읽기'를 통해 젠트리피케이션 이해하기 - 젠트리피케이션을 극복한 가게의 특징 조사하기 - 우리 동네의 젠트리피케이션 해결 방안 논의하기
9~10	**마을 스탬프 투어 지도 만들기** - 마을 스탬프 투어 지도 만들기 - 모둠별 활동 발표하기

국어과 – 삶이 시가 되는 순간들

국어 수업에서는 '북촌 스탬프 투어'를 위한 공간들에 직접 찾아가서 인터뷰를 진행하고, 학생들이 취재한 내용을 기반으로 해당 공간을 주제로 '시 쓰는 기분'을 느껴보는 활동을 진행했다. 사전 활동을 통한 학생들의 글쓰기 연습이 '나'에 대한 주제로 한정되어 있었다면, 인터뷰로 수집한 자료를 중심으로 '마을의 삶이 시가 되는 순간들'을 포착하는 과정은 '나'에서 '타인'으로 시각을 확장할 수 있는 의미 있는 과정이 될 것으로 기대했다.

관련 성취 기준

2015 교육과정	2022 교육과정
[9국01–03] 목적에 맞게 질문을 준비하여 면담한다. [9국05–02] 비유와 상징의 표현 효과를 바탕으로 작품을 수용하고 생산한다. [9국03–08] 영상이나 인터넷 등의 매체 특성을 고려하여 생각이나 느낌, 경험을 표현한다.	[9국01–05] 면담의 다양한 목적과 상대를 고려하여 질문을 점검하고 효과적으로 면담한다. [9국05–01] 운율, 비유, 상징의 특성과 효과에 유의하며 작품을 감상하고 창작한다. [9국06–03] 복합양식성을 고려하여 영상 매체 자료를 제작하고 공유한다.

수업 활동 과정(2015 교육과정 성취기준 적용)

차시	수업 내용
1~2	**인터뷰(면담) 개념 학습** – 인터뷰 기사를 읽으며 인터뷰 개념 학습하기
3~4	**모둠별 인터뷰 준비하기** – 사회 시간에 선정한 공간을 기반으로 자료 조사하기 – 인터뷰 요청 글쓰기 및 질문 만들기

5	공간에 대한 인터뷰 진행하기 – 인터뷰 시 주의사항을 참고하여 모둠별로 인터뷰 진행하기
6~8	모둠 보고서 작성을 통해 인터뷰 내용 정리하기 – 모둠별로 나눈 역할에 맞게 인터뷰 내용을 정리하고 '모둠 보고서' 작성하기
9~11	인터뷰를 바탕으로 시 창작하기 – 인터뷰 보고서를 참고, 삶이 시가 되는 순간들을 포착해서 개인별 시 창작하기 – 합평을 통해 작품 고쳐쓰기 및 퇴고하기
12~14	'학생 시인과의 대화' 인터뷰 영상 만들기 – 모둠원 중에서 한 명을 대표 시인으로 선정, 시인을 인터뷰하기 위한 질문 만들기 – 각자 역할에 맞게 '시인과의 대화' 인터뷰 영상 만들기 활동 진행하기

영어과 – 우리 동네를 소개합니다

영어 시간에 던져본 핵심 질문은 '외국인들은 우리 동네 북촌을 어떤 시각으로 바라보고 있을까?'였다. 우리 동네가 단순한 관광지가 아닌, 마을 사람들이 지켜온 오랜 가치를 품고 있는 소중한 공간이라는 것을 알릴 필요가 있다고 생각했다. 그래서 사회 시간에 선정한 가게들을 중심으로 외국인 관광객에게 우리 동네 북촌의 가치와 정체성을 알리기 위한 영문판 소개글 쓰기를 진행했다.

관련 성취기준

2015 교육과정	2022 교육과정
[9영02–01] 주변의 사람, 사물, 또는 장소를 묘사할 수 있다. [9영04–01] 일상생활에 관한 주변의 대상이나 상황을 묘사하는 문장을 쓸 수 있다.	[9영02–03] 친숙한 주제에 관해 사실적 정보를 설명한다.

수업 활동 과정

차시	수업 내용
1	**영어로 공간을 소개하는 글을 쓰기 위한 준비하기** – 사회 시간에 선정한 공간(마을 가게)을 기반으로 활동 진행 – 우리 동네를 방문하는 외국인 관광객들에게 전달하고 싶은 우리 동네의 가치를 생각해 보기 – 사회 시간에 작성한 공간 소개글을 바탕, 영문판 소개글 작성을 위한 준비 작업 진행하기
2	**영문판 공간 소개글 작성하기** – 역할을 나누어 모둠별로 선정한 공간에 대한 영문 소개글 작성하기
3	**모둠별 소개글 취합 및 피드백 진행하기** – 모둠별로 각자 작성한 소개글 취합하기 – 모둠 간 상호평가 및 피드백 진행, 글 수정하기
4	**공간에 대한 영문 소개글 완성 및 발표하기** – 영문으로 마을 가게를 소개하는 글 완성 및 모둠별로 발표하기
5	**마을 시 영문 번역하기** – 국어과에서 창작한 '마을 시'를 영문으로 번역해 보기 – 국문·영문 시의 차이점을 생각해 보며 시 번역의 어려움 알기

주제 선택 프로그램 – 목공예로 마을 가게 스탬프 만들기

자유학기제 예술 프로그램인 목공예 수업에서는 마을의 '목공예 공방'에서 작업을 하시는 '마을 강사'가 수업 활동에 참여해 주었다. 교사들과의 긴밀한 협의를 통해 사회, 영어 시간에 선정한 공간을 중심으로 '북촌 스탬프 투어'를 실천하기 위한 '도장'을 직접 만들어보는 활동을 진행했다.

　이러한 수업 과정을 통해 마을에 대한 인식 수준을 높이고, 나아가서는 내국인·외국인 관광객들에게 그 가치를 홍보해 보는 실천적 경험을 해볼 수 있는 시간이 만들어질 수 있길 바랐다.

수업 활동 과정

차시	수업 내용
1~2	**목공예용 조각도 사용 방법 익히기** – 목판에 이름 새기기 및 자신을 나타내는 마스코트 표현하기
3~4	**마을 가게 스탬프 디자인하기** – 사회 시간에 선정한 공간(마을 가게)을 기반으로 활동 진행 – 선택한 공간을 스탬프로 제작하기 위한 디자인 고민하기
5~6	**마을 가게 스탬프 만들기** – 개인별로 선택한 공간에 대한 스탬프 제작하기

국어, 사회, 영어 수업 활동 공간 20곳에 대한 스탬프 제작하기

[수업 준비하기] 시 쓰는 기분

1. 수업의 방향 세우기

2021년 가을, 우연히 박연준 시인의 산문집《쓰는 기분》을 만났다. 시인이 전하는 '부드러운 용기, 작은 추동을 일으키는 바람, 따뜻한 격려'를 건네받으며, 학생들과 함께 시 수업을 해보고 싶다는 마음이 움텄다. 제대로 시를 써본 적도 느껴본 적도 없는 초보 교사였지만, 학생들과 '시 쓰는 기분'을 나누며 서로의 삶 속에 안긴 시의 마음을 느껴보고 싶다고 생각했다.

마침 1학년 자유학기제 수업을 맡게 되어서 1학기 국어 수업의 주제를 '시'로 정하고 수업의 방향을 잡아나갔다. 이제 막 중학생으로서 발돋움한 학생들과 시를 매개로 수업을 진행하며 나의 삶뿐만이 아니라 타인의 삶 역시 좋은 시가 될 수 있다는 것을 느낄 수 있으면 좋겠다고 생각했다.

만약 학생들이 '삶이 시가 되는 순간'을 포착할 수 있는 마음의 힘을 기른다면, 이해와 공감을 통해 삶과 적극적으로 소통할 수 있는 사람이 될 수 있지 않을까 기대하는 마음으로 국어 교과를 중심으로 한 융합수업 활동을 구상해 보았다.

한 학기 동안 이어지는 긴 호흡의 수업을 체계적으로 엮기 위해 방학 기간을 활용하여 수업용 교재를 제작했다. 이 교재를 통해 정리한 국어과 활동 과정은 다음과 같다.

수업 주제	수업 활동 내용
어색한 사이, 시와 친구 맺기	• 시 구절을 통해 나의 생각 표현하기 • 시에 새기는 나의 이야기(시 경험글 쓰기) • 요약하기 학습 및 내가 쓴 글 요약해 보기 • 내가 쓴 글 고쳐쓰기
시인이 세상을 바라보는 방법	• 시인이 세상을 표현하는 방법(비유와 상징) • 시인의 눈으로 세상 바라보기 ①: 우리 동네에 얽힌 라디오 사연 소개하기 • 시인의 눈으로 세상 바라보기 ②: 우리 동네에 대한 사연을 담은 수필 쓰기
시를 쓰고자 하는 사람에게	• 내가 쓴 수필을 시로 바꾸어 써보기 • 시를 시답게 하는 것들 알기 • 나의 창작시 고쳐쓰기
삶이 시가 되는 순간들	• 인터뷰 방법 학습하기 • 마을 가게 인터뷰하기 • 모둠별 인터뷰 보고서 작성하기 • 인터뷰 내용을 기반으로 시 창작하기 • 시인과의 대화 인터뷰 영상 만들기

2022학년도 1학기
수업용 교재 QR코드

2. 융합수업을 함께 만들어갈 동료 모으기

'함께'라는 말은 어떤 어려움도 이겨낼 수 있게 하는 힘의 원천이 된다. 수업을 통해 학생들의 시각을 '나'에서 '타인'으로 옮겨보겠다는 거창한 목표를 이루기 위해서는 다양한 교과와 힘을 합쳐 삶의 문제를 다각적으로 바라보는 과정이 필수였다. 하지만 학교에서 아직 막내 역할을 담당하고 있는 나로서는 선배 교사들에게 수업을 함께 만들어보자는 제안을 먼저 하기가 쉽지 않았다.

이런 나에게 도움을 준 것이 바로 '교원학습공동체'였다. 비록 다섯 명밖에 되지 않았지만 2016년부터 꾸준히 수업 고민을 공유하며 자연스럽게 교과 융합수업의 씨앗을 심어볼 수 있었다.

학습공동체 활동을 하며 선생님들과 함께 구상하고 실천해 본 융합수업 하나를 소개해 보려 한다. 그것은 바로, 국어과와 역사과가 함께한 '김 첨지의 하루 일기 쓰기' 활동!

국어과에서는 소설 〈운수 좋은 날〉의 내용을 1인칭 주인공 시점으로 바꾸어 표현해 보자는 과제를 안내했다. 소설 속 주인공이 되어 일기를 쓰는 과정을 통해 인물이 이동한 경로를 중심으로 전체 줄거리를 복습하고, 나아가서는 글에 잘 드러나지 않는 주인공의 속마음까지 파악해 보기 위해서였다.

역사과에서는 1910년부터 1945년까지, 일제강점기 우리 민족의 삶을 드러낼 수 있는 내용을 담아 일기의 내용을 재구성해 보라는 과제를 더했다. 인력거에 손님을 태우고 경성(서울) 시내를 활보하던 김 첨지는 누구보다 빠르게 당시의 시대상을 느낄 수 있었을 것이다. 따라서 인력거를 끌던 김 첨지의 눈에는 일제강점기 시대상이 조금 더 구체적이고 생생하게 맺히지 않았을까 하는 기대를 가지고 활동을 진행했다.

[국어과] 소설 〈운수 좋은 날〉의 내용을 김 첨지의 시각으로 각색하여 '김 첨지의 하루' 일기 쓰기
 – 1인칭 시점(김 첨지의 시각)으로 일기 쓰기
 – 소설 속에는 드러나지 않은 김 첨지의 속마음이 잘 드러나도록 각색하기
 – 인물의 이동 경로를 기반으로 전체 줄거리를 담을 수 있도록 내용 재구성하기

[역사과] 일기의 내용 속에 '일제강점기, 우리 민족의 삶'을 나타내는 '역사적 사실' 담아내기
 – ① 1910년대, ② 1920년대, ③ 1930~45년 중 한 시기 선택
 – 선택한 시기의 시대상을 나타내는 역사적 사실을 5가지 이상 표현하기
 – 한 편의 글을 완성하고, 역사적 사실에 해당하는 내용에 밑줄 표시하기

활동 예시

1929년 11월 24일.

뻣뻣해진 아내를 끌어안고 울다가 일어나 보니 바닥에는 기름이 둥둥 뜬 국이 놓여 있었다. 나도 모르는 새에 취중에도 설렁탕을 사 왔나 보다. 홀로 설렁탕을 먹으며 단출한 상을 지냈다.

어제는 얼다 만 비가 추적추적 내리는 날이었다. 추운 날씨에 엎친 데 덮친 격으로 질퍽한 비까지 내렸다. 그러나 날씨와 상반되게 괴상

하게도 운수가 좋은 날이었다.

집을 나서자마자 앞집 마나님을 만나 전찻길까지 모셔드렸다. 며칠 동안 돈 구경 한번 못 하다 웬 횡재인가!

그러곤 정류장에서 내리는 사람을 살펴보다가 책을 끼고 서 있는, 교원인 듯 보이는 그를 동광학교까지 태워다 주기로 했다. 책을 자세히 보니, 글은 읽을 줄 모르지만 '한글' 뭐시기라 적혀 있음은 확실했다. 아마 나같이 글 모르는 사람들한테 한글을 알려주는 사람인가 보다. (문자 보급 운동, 1920년대 말~1930년대 초)

처음에 삼십 전, 다음에 오십 전. 오랜만에 한 돈 구경에 나는 눈물을 흘릴 만큼 기뻤다. 일제가 쌀을 뺏어가 더욱 힘든 상황(산미증식계획(1920~1934)으로 인해 우리나라의 식량 부족 심화)에 드디어 개똥이와 아내에게 무언가 해줄 수 있다. 아내가 앓아누운 지는 한 달이 넘어가고 있었다. 열흘 전 설익은 조밥을 먹고 체한 탓에 병세가 심해졌다. 나는 아내가 아픈 걸 알면서도 성을 내고 뺨을 후려갈겼다. 조밥을 먹고도 체하는 마당에 며칠 전부터는 설렁탕을 먹고 싶다고 졸랐다. 나도 모르게 환자에게 화를 냈지만, 마음 한구석으로는 괜히 신경이 쓰였다. (후략)

학생들은 줄거리에 시대상을 담아내기 위해 상상의 나래를 펼쳤고, 학생들의 글을 본 교사들은 "우리 아이들이 이렇게 창의적이었어?" 하며 감탄했다. 학생들의 반응도 긍정적이었다. 교과 융합 수행평가라는 생소한 활동에 처음에는 잔뜩 긴장하는 눈치였지만, 한 번의 활동으로 두 과목의 수행평가를 해결할 수 있으니 오히려 더 좋았다는 의견이 많았다. 교과 융합수업이 의미 있는 평가로 이어질 수 있음을 확인한 시도였다.

그 이후로 선생님들 사이에서 융합수업에 대한 긍정적인 기류가 형성되기 시작했다. 신학년 집중 준비 기간이 되면 마음이 맞는 선생님들끼리 모여 앉아서 융합수업을 위한 아이디어를 공유하는 문화가 만들어졌다.

2022년 2월, 1학년 자유학기제 수업에 들어가게 된 선생님들이 한 자리에 모였다. 이번에는 어떤 수업을 함께 만들어가면 좋을지 이야기가 오가고 있었다. 기회는 바로 이때였다.

"선생님들, 제가 구상하고 있는 활동이 하나 있는데 한번 들어보시겠어요? 함께 만들어가면 정말 재미있을 것 같아요!"

[마을 시 창작하기] 삶이 시가 되는 순간들

1. 마을 답사로 시작하는 융합수업

따스함이 깃든 5월의 어느 날, 고요한 계동길 골목마다 아이들의 웃음소리가 번졌다. 수업이 마을의 옷을 입는 순간 생각지 못했던 일들이 벌어졌다. 교문을 지나 학교 밖으로 나오자 교실에서 칠판만 바라보던 학생들의 시선이 마을의 곳곳으로 향했다. 나른함에 꾸벅꾸벅 졸던 학생들은 눈을 번쩍 떴고, 평소 말을 아끼던 내성적인 학생들도 쉴 새 없이 말을 쏟아냈다. 교실에서 그토록 그려보고자 노력했던 풍경이 교문 밖에서는 자연스럽게 만들어졌다.

답사는 정규 교과 수업 시간을 활용해 진행했다. 마을 답사를 하는 데 45분은 턱없이 부족한 시간이기에 우리 학교에서는 항상 함께 수업하는 두 교과목의 수업 시간을 '블록 타임'으로 묶어서 90분 동안 마을 답사 활동을 진행하고 있다. 그런데 '블록 타임'이라는 것이 말이야 쉽지, 바쁜 학기 중에 수업을 변경하려면 눈치가 보이는 게 이만저만이 아니다. 따라서 원만하게 활동을 진행하기 위해서는 신학년 집중 준비 기간에 융합수업의 큰 틀을 짜두고, 학기 시작 전에 학교에 양해를 구하는 것이 좋다.

마을 답사를 떠날 때 학교에서 가장 크게 걱정하는 부분은 '안전'이다. 두 교과의 수업 시간을 묶어서 활동하게 되면 인솔 교사가 두 명으로 늘어나긴 하지만, 활동 과정에서 학생들이 여러 장소로 흩어지게 되므로 모든 학생을 챙기는 것은 불가능하다. 우리 학교에서는 이런 문제를 해결하기 위해 매년 5월, 교생실습 기간에 마을 답사를 진행하고 있다.

학급별로 다섯 모둠을 편성하고, 교생 선생님 세 분을 추가로 모셔 학생 안전 지도와 함께 생생한 활동 장면을 인증샷으로 남겨달라고 부탁드렸다. 물론 교생 선생님들께 번거로운 부탁을 드리는 것이 부담스럽기도 하지만, 교생 선생님들 역시 교실 밖을 돌아다니며 학생들과 의미 있는 추억을 쌓는 시간을 반길 것이라는 믿음으로 매년 교생실 문을 두드리게 된다.

모둠별 답사 미션 안내

미션 1. 미션 공간에서 인증샷 찍기
- 수연홈마트 ⇨ 개인별 간식 챙기기(아이스크림 또는 음료수)
- 북촌 탁구
- 북촌마을서재
- 창덕궁 CU
- 원서동 빨래터

미션 2. 공간 채집하기
- 미션 공간을 중심으로 마을 산책 진행하기
- 마을 산책을 하며 만난 공간들을 지도에 모두 표시해 보기
- 지도에 표시한 공간 중 우리 모둠에서 가장 인상 깊게 생각한 장소를 하나 선택, 선정한 이유와 함께 다른 모둠 친구들에게 공유하기

답사가 전해준 설렘은 교실까지 이어졌다. 국어 수업에서는 답사

하며 만난 여러 공간 중 하나를 선정하여 '라디오 사연 소개' 형식으로 친구들에게 소개하는 활동을 하고, '비유와 상징'을 활용한 수필 쓰기 활동도 진행했다. 사회 시간에는 마을 가게들이 직면하고 있는 문제인 '젠트리피케이션'을 해결하기 위한 방법을 고민하고, '마을 가게 스탬프 투어 지도'를 만들며 우리가 할 수 있는 실천 방안을 구체적으로 탐색해 보았다. 마을 답사 덕분에 평범하고 딱딱할 수 있는 교과 수업에 생기가 더해졌다.

국어과 수업 활동 과정

차시	수업 내용
1	**마을 답사 활동** – 마을 답사를 하며 만난 공간 채집하기 – 채집한 공간 중 가장 인상 깊은 장소 선택하기
2	**공간에 얽힌 나만의 사연 떠올리기** – 공간에 담긴 나의 사연을 떠올리며 라디오 사연 신청하기 – 익명으로 서로의 사연을 공유하고 어울리는 시와 노래 찾기
3	**음악과 시가 함께하는 '우리 동네 라디오'** – 학생 DJ를 선정, 익명으로 공유된 라디오 사연 소개하기 (활동지 ①)
4	**작가의 눈으로 바라본 공간** – '비유와 상징' 표현을 활용한 수필 쓰기를 통해 내가 선택한 공간을 깊이 있게 바라보기 (활동지 ②) – 공간이 품고 있는 사연과 관련된 수필(에세이) 완성하기
5	**서로의 감상 더하기** – 서로의 활동 결과물을 돌려보며 피드백(합평) 진행하기 (활동지 ③) – 글 고쳐쓰기

성취 기준	평가 내용		평가 기준(채점 기준)		
			상	중	하
9국 05-02	공간에 얽힌 사연에 대한 글쓰기	비유와 상징 표현을 바탕으로 자신만의 작품을 완성할 수 있는가?	비유의 개념을 이해하고 '직유, 은유, 의인' 표현을 글 속에 효과적으로 녹여냄	비유의 개념을 이해하고 '직유, 은유, 의인' 표현 중 일부를 활용하여 글을 씀	비유의 개념을 이해하는 데 어려움을 보이며, 글에 비유 표현을 활용하지 못함
			상징 표현을 활용하여 '공간'에 대한 자신의 생각이나 느낌을 창의적으로 표현함	상징 표현을 활용하여 '공간'에 대한 자신의 생각이나 느낌을 표현함	'공간'에 대한 자신의 생각이나 느낌을 표현한 의미가 상징으로 보기 어려움
9국 03-05		공간에 얽힌 사연에 대한 글을 써서 독자에게 감동이나 즐거움을 줄 수 있는가?	공간에 얽힌 나만의 사연을 글을 통해 진솔하게 풀어냈으며, 독자(친구들)에게 호응을 받음	공간에 얽힌 나만의 사연을 글로 풀어내어 친구들에게 공유함	공간에 얽힌 나만의 사연을 글로 풀어냈으나 독자(친구들)가 글 내용 이해에 어려움을 겪음

활동지 ①. 음악과 시가 함께하는 '우리 동네 라디오'

#음악 #시 #사연 #공간 #추억 #응원 #마을

**수업 활동용
온라인 도구 페이지
QR코드**

이로써 당신 마음의 온도가 1도라도 올라갔다면,
그걸로 되었습니다.

　　　　　　　　　　　　　- 김현, 〈당신의 슬픔을 훔칠게요〉에서

활동지 ②. 작가의 눈으로 바라본 공간

1. 비유 표현을 사용해서 내가 선택한 공간을 각각 표현해 봅시다.

	비유 표현	비유의 대상 (보조관념)	공통점
선택한 공간 (원관념)	직유법		
	은유법		

	비유 표현	선택한 공간을 표현한 문장
	의인법	

2. '아이콘' 만들기를 통해 공간이 '상징'하는 바를 구체적 상징물로 표현해 봅시다.

① 아이콘(간단한 그림)으로 표현할 내용을 선택, 네모 칸에 표시하기	□ 공간이 품고 있는 가치(표현할 가치)	□ 공간을 대표하는 것 (이 공간 하면 떠오르는 대상)

⇩

② 선택한 내용을 상징하는 구체적 대상을 고르고, 그 이유를 설명하기	– 상징물: – 이유:

⇩

③ 상징물을 통해 선택한 공간이 잘 드러나도록 아이콘 디자인하기	– 아이콘 스케치 혹은 디자인 계획 세우기

* '아이콘(icon)'이 뭐야?

'아이콘'은 '상징'과 유사한 점이 많습니다. 상징이 추상적인 개념을 구체적으로 나타내는 표현 방법이라면, 아이콘은 컴퓨터에서 제공하는 특정한 명령을 문자나 그림으로 나타낸 결과물이기 때문입니다. 실제로 우리가 어떤 분야의 상징적인 사람을 '아이콘'이라고 하는 것을 보면, 아이콘과 상징의 유사성을 짐작해 볼 수 있습니다.

3. 공간이 품고 있는 사연과 관련된 수필(에세이)을 완성해 봅시다.

(1) 공간을 상징하는 '아이콘' 그리기

　[조건 1] 앞에서 고민한 내용을 기반으로 '아이콘' 그리기

　[조건 2] 자신이 그린 '아이콘'에 대해 4줄 이상 설명하기

(2) 공간을 주제로 '수필' 쓰기

　[조건 1] 선택한 공간으로 걸어가는 길의 풍경을 담기 (집이나 학교에서 해당 공간까지 걸어가는 길의 풍경, 위치 등)

　[조건 2] 자신만의 방법으로 공간을 소개하는 내용을 담기 (외관, 내부 모습, 공간에서 생활하는 사람 등)

　[조건 3] 공간이 품고 있는 이야기를 담아내기 (공간과 연관된 나의 사연, 공간의 역사적 가치, 공간에 대한 설명 내용 등)

　[조건 4] 비유 표현(직유법, 은유법, 의인법)을 각각 1가지 이상 포함시키기

　[조건 5] 분량 15줄 이상 채우기

(1) 공간을 상징하는 '아이콘' 그리기

내가 그린 '아이콘'에 대해 설명하기

－ 공간이 품고 있는 가치: 동심, 복잡함, 신비로움

－ 아이콘에 대한 설명: 한옥마을의 '골목길'을 아이콘에 담아보았다. 집 앞의 미로 같고 복잡한 골목길들이 '동심'이라는 열쇠로만 열 수 있는 신비로운 공간임을 표

현하고 싶었다. 그래서 미로에 열쇠를 관통해 집어넣은 느낌으로 디자인을 했다. 이 아이콘에 담긴 의미는 '동심을 가지고 있는 사람만 열 수 있는 신비로운 골목길'로, 나와 함께 동심을 공유하는 친구들은 이 골목길의 진실된 면을 알 수 있을 것이다.

(2) 공간이 품고 있는 사연에 대한 '수필(에세이)' 쓰기

우리 집은 한옥마을 속 오래된 골목길에 있는 한옥이다. 북촌한옥마을을 쭉 올라가다 보면 근처의 구불구불한 골목길들이 눈에 들어온다. 미로처럼 복잡하지만, 주민들에겐 친근한 장소이다. 그런 골목길이 많아서 그랬던 것인지는 모르겠지만, 나는 매일 동네 친구들이나 형들과 함께 집 근처 골목길에서 놀았다. 어쩌면 그 구불구불한 골목길만이 가져다주는 신비로운 느낌 때문이었을지도 모르겠다.

골목길. 그 낡고 오래된 공간이 가져다주는 신비한 느낌은 우리들의 놀이터가 되기에 충분했다. 하지만 그런 골목길들도 언젠간 망가지는 법. 시간이 지나면서 가끔씩 들려오던 소리가 있었다. '드드드드드드드' 우리가 매일 놀던 골목길의 울퉁불퉁한 포장을 벗겨내며 새로운 아스팔트를 깔아대던 소리였다. 그 소리가 들릴 때마다 **나는 꼭 겁을 잔뜩 집어먹은 토끼처럼(직유법)** 깡충깡충 도망가곤 했다.

어느 날, 나는 동네에서 같이 놀던 형을 부르기 위해 그 형이 살던 집 문을 두드렸다. 하지만 문이 열리자 보인 사람은 너무나도 낯설었다. 그제야 기억이 났다. '아, 그 형은 이사 갔댔지.' 쓸쓸하게 돌아선 후, 나는 골목길을 다시 한번 돌아보았다. 이제는 신비로운 느낌이 들지 않았다. 어쩌면 그 신비로운 느낌은 아이들의 동심이 만들어낸 환상이었던 것일지도 모르겠다. 이제 **이곳은 텅 빈 미로(은유법)**였다. 커가며 미처 신경을 못 쓰던 사이, 이 일대는 모두 아스팔트로 덮였다. **항상 미소 짓던 골목길들의 표정(의인법)**은 모두 사라졌다.

아스팔트로 단단히 봉인된 나의 골목길. 앞으로 이 골목이 또 얼마나 변하게 될지 모르겠다. 아마 시간이 지나면 사라질 수도 있을 것이다. 하지만 나의 어린 시절을 담은 소중한 공간을 벌써부터 잃고 싶지는 않다. 이 공간이 전해주던 마법 같은 순간들을 마음 깊이 기억하고, 또 간직하고 싶다.

1. 친구가 완성한 '아이콘 + 수필'에 대한 자신의 생각을 솔직하게 표현해 봅시다.

- 친구와 서로의 작품을 바꿔 감상하고, 친구의 '아이콘 + 수필'에 자신의 평가 및 감상을 피드백하기
- 서로의 피드백을 반영하여 작품을 고쳐쓰기

내용	나의 생각		
아이콘을 완성하고 3줄 이상의 설명을 덧붙였나요?	☐ 물론이죠	☐ 아직 미완성이에요	
아이콘을 통해 친구가 선택한 공간의 의미가 잘 드러나고 있나요?	☐ 완벽해요	공간에 대한 자신의 생각과 느낌을 명확하게 전달할 수 있고, 참신한 상징으로 보는 사람의 공감을 이끌어낼 수 있는 아이콘을 만듦	
	☐ 잘했어요	공간에 대한 자신의 생각과 느낌을 담고 있으며, 상징물을 통해 보는 사람이 해당 공간을 떠올릴 수 있는 아이콘을 만듦	
	☐ 조금 아쉬워요	공간에 대한 자신의 생각과 느낌을 담아내는 아이콘을 만들었지만, 아이콘이 표현하고자 하는 내용이 보는 사람에게 명확하게 전달되지 못함	
글 속에 비유 표현이 잘 포함되어 있나요? (글에서 사용된 비유 표현을 찾아서 옮겨 적기)	직유법	은유법	의인법
15줄 이상의 분량으로 수필을 작성했나요?	☐ 분량 조건을 잘 지켰어요	☐ 조금만 더 신경 썼더라면 좋았을 텐데	

171

2. 아래의 항목을 고려하여 친구의 글에 대한 자신의 감상평을 남겨봅시다. (4줄 이상)

  – 친구의 글에서 인상 깊은 내용

  – 더 나은 글을 위해 수정했으면 하는 부분

  – 친구가 사용한 비유, 상징 중 마음에 드는 것

  – 그 외 느낀 점이나 하고 싶은 말

---

2. 인터뷰로 '나'에서 '남'으로 시선 옮기기

융합수업의 최종 목표는 시 창작을 통해 '나'에서 '남'으로 시선을 확장해 가는 것이다. 이를 위해서는 우선 타인의 삶에, 나아가서는 타인이 품고 있는 다양한 아픔에 공감해 보기 위한 활동이 필요했다. 그래서 사회 시간에 배운 '젠트리피케이션' 현상을 시 창작의 중심 주제로 삼아 마을 곳곳에 숨어 있는 아픔을 바로 보는 시간을 갖고자 했다.

하지만 멀리서 바라보는 것만으로는 부족했다. '삶'을 '시'로 피어나게 하기 위해서는 삶 속으로 한 걸음 더 가까이 다가갈 수 있는 기회가 마련되어야 했다. 그래서 선택한 방법이 바로 '인터뷰'였다.

한 사람의 이야기를 듣고, 온몸으로 이를 받아들여, 다시 쓰는 인터뷰 과정을 통과하면 우리는 변한다. 나아간다. 어제보다 나은 내가 된다. 당신도 나처럼 그 짜릿하고 뭉클하며 따뜻한 경험을 반드시 해보길, 권하고 또 권한다.

– 은정아,《할머니 이야기를 들려주세요》에서

인터뷰는 인터뷰어(interviewer)만이 아니라 인터뷰이(interviewee) 역시 품이 많이 드는 활동이다. 인터뷰의 대상이 젠트리피케이션 현상에 대해 이야기해 줄 수 있는 마을 가게 사장님들이었기 때문에 생업에 방해가 되지 않도록, 또한 현실적인 아픔에 상처가 되지 않도록 조심스럽게 활동을 진행하고 싶었다. 그래서 본격적인 활동을 하기에 앞서 내가 먼저 마을로 향했다.

마을 수업을 처음 기획하고 실천한 것이 2017년이니까, 벌써 8년째 마을과 소통하며 국어 수업 활동을 꾸리고 있다. 사립학교에서 근무하며 활동을 지속하다 보니, 마을 수업이 우리 동네의 새로운 문화처럼 자리하게 되었다. 이제는 학교 밖 수업 활동의 두근거림이 긴장이 아닌 설렘으로 느껴질 정도가 된 것 같다. 학생들과의 관계든, 동료 교사들과의 관계든, 마을과의 관계든, 사람과 사람이 만나는 관계에서는 서로 간의 '라포르(rapport)'를 형성하는 것이 얼마나 중요한 것인지를 새삼 깨닫게 된다. 하지만 상호 신뢰 관계를 형성하는 데 필요한 것은 '시간'뿐만이 아니다. 상대방을 향한 나의 '마음'이 전해질 때 비로소 우리가 함께 만들어가는 시간은 흐르기 시작한다.

수업을 위해 처음으로 마을 분들을 만났을 때가 아직도 기억에 선하다. 우선 마을의 통장님을 만나 학생들이 진행할 활동을 설명하며 협조를 구했다. 처음에는 통장님만 도와주신다면 다른 마을 주민분들에게도 수월하게 양해를 구할 수 있지 않을까 생각했다. 하지만 통장님은 이런 활동이 처음이라 마을 분들이 어떻게 생각할지 모르겠다는 우려를 보이셨다. 물론 본인은 적극적으로 협조하겠다는 말씀을 덧붙이셨지만 고민이 커졌다. 문득 주민들에게 개별적으로 양해를 구해야겠다는 생각이 머릿속을 스쳤다.

물론 학생들이 직접 활동 공간을 선정하고 협조를 구하는 것 역시 중요한 교육활동의 하나일 수 있다. 하지만 마을을 단순히 교육을 위한 '수단'으로 활용하고 싶지는 않았다. 마을과 함께 '동반자'가 되어 수업의 의미를 함께 만들어가기 위해서는 내가 먼저 마을 분들을 만나며 활동의 취지를 전해야 한다는 생각이 들었다. 그래서 일주일 동안 퇴근길에 마을의 각 공간을 방문하여 활동의 취지를 말씀드리고 협조를 구하는 발품을 팔았다.

힘들고 어색할 것이라고만 생각했던 마을 주민들과의 만남은 생각보다 즐겁고 의미 있었다. '미미당 호떡집' 사장님께 호떡과 식혜를 얻어먹으며 우리 동네의 변천사를 들을 수 있었고, 시원한 아이스크림과 함께 계동의 터줏대감 '수연홈마트' 사장님의 마을 사랑 이야기를 들을 수 있었으며, 끝끝내 손수 만드신 주먹밥을 손에 쥐어 주시는 '이밥' 사장님의 따스함을 느끼며 한 주간을 풍요롭게 채울 수 있었다. 마을 분들과 만나보고 확신을 얻었다. 마을의 정체성은 바로 마을을 이루고 있는 마을 주민 한 사람 한 사람이라는 것을.

학생들 역시 마을이 품고 있는 온기를 진하게 느껴볼 수 있는 시간이 마련되었으면 했다. 젠트리피케이션을 중심 주제로 시 창작을 하기 위해 시작한 이번 수업 활동의 순서는 다음과 같다.

국어과 수업 활동 과정

차시	수업 내용
1~2	**인터뷰 방법 학습하기** - 인터뷰 기사 분석하기 및 인터뷰 방법 학습하기

3~4	인터뷰 준비하기 – 인터뷰 대상 선정 및 자료 조사하기 – 인터뷰 요청 글쓰기 및 질문 만들기
5~7	인터뷰 진행 및 보고서 작성하기 – 인터뷰 활동 시 주의사항을 참고하여 모둠별 인터뷰 진행하기 – 모둠별로 나눈 역할에 맞게 인터뷰 보고서 작성하기

활동 평가

성취 기준	평가 내용		평가 기준(채점 기준)		
			상	중	하
9국 01-03	인터뷰 보고서 작성하기	인터뷰(면담) 를 통해 시 창 작을 위한 정 보를 수집할 수 있다.	면담을 통해 답 사 공간에 대한 정보를 풍부하게 파악했으며, 보 고서를 통해 면 담 내용을 충실 하게 정리함	면담을 통해 답 사 공간에 대한 정보를 풍부하게 파악했지만, 보고 서에 담긴 면담 내용의 정리가 다소 미흡함	면담을 통해 답사 공간에 대한 정 보를 파악했지만, 보고서의 면담 내 용 정리가 잘 이 루어지지 않음

(1) 인터뷰 방법 학습하기

먼저 학생들과 다양한 인터뷰 기사를 찾아서 분석해 보며 '훌륭한 인터뷰 기사의 기준은 무엇인가?'에 대한 답을 내려보는 활동을 진행했다.

* 자신이 찾은 '인터뷰 기사'를 다음 질문에 따라 분석해 보고, 좋은 인터뷰 기사란 무엇인지 생각해 봅시다.

(1) 문답을 그대로 썼나요(일문일답형 인터뷰), 아니면 직접 인용(따옴표)과 간접 인용을 섞어 썼나요(일반기사형 인터뷰)?

(2) 기사의 내용이 단순한 문답의 나열로 이루어졌나요, 아니면 글 쓰는 사람이 문답

의 순서를 흐름에 맞게 재구성했나요?

(3) 기사에서는 인터뷰 대상의 어떤 점을 부각해서 보여주고 있나요?

(4) 인터뷰를 한 목적은 무엇이라고 생각하나요?

(5) 인터뷰 기사 내용에서 가장 흥미로웠던 것은 무엇인가요?

(6) 자신이 생각하는 훌륭한 인터뷰 기사의 기준은 무엇인지, 5가지만 생각해 봅시다.

은정아 작가의 인터뷰 글쓰기 책《할머니 이야기를 들려주세요》는 인터뷰 방법을 안내하기 위한 좋은 지침서가 되어주었다. 방송작가로서 수많은 인터뷰를 경험한 작가의 생생하고 자세한 팁은 실제 인터뷰를 진행할 학생들에게 실질적인 도움을 주었다. 마음 같아서는 책 내용을 깊게 살피고 싶었지만, 학생들에게 보다 효과적으로 내용을 전하기 위해 '자료 조사하기', '질문 만들기', '사려 깊은 태도 갖추기' 부분을 발췌하여 인터뷰 방법을 학습했다.

이 중에서 가장 신경 써야 하는 내용은 '질문 만들기'다. 실제 인터뷰 준비 과정에서 조사한 자료를 중심으로 기본 질문을 만들고 그 내용을 바탕으로 보충·심화 질문을 만드는 과정을 거치게 되는데, 중학교 1학년 학생들에게 이 정교한 과정을 안내하는 것이 쉬운 일은 아니었다. 어떻게 하면 좋을지 고민하다가 졸업한 선배들이 마을 수업을 하며 작성한 '인터뷰 보고서'를 활용하여 추가 활동지를 만들었다.

1. 다음 인터뷰 글의 내용을 미루어볼 때, '인터뷰 질문'이 무엇이었을지 유추해 보자.

지현이네 동네는 도심 속 이 작은 마을, 바로 계동이다. 그리고 그 중심에는 수연홈마트가 있다. 그녀에게 수연홈마트란 동네 계동의 추억 같은 곳이며, 근처

GS25가 생기기 전 우리 동네 유일한 마트였기에 그녀에게 친숙했다.

지현이에게 수연홈마트는 '계동의 쉼터'이며 '냉장고'이다. 지현이네 집뿐만 아니라 이웃이 서로 모여서 정답게 이야기할 수 있는 이곳은 동네의 어느 곳보다 소중하다는 생각이 들었다. 지현이는 자신이 사랑하는 공간에 대해 더욱 깊이 알아가고 싶은 마음이 들어 수연홈마트를 인터뷰하기로 마음먹었다. (중략)

작은 구멍가게에서 큰 마트를 운영하는 것은 쉬운 일이 아니었다.

"구멍가게에서 큰 마트를 운영하기 시작했을 때는 제가 돈이 별로 없는 상태에서 시작하다 보니까 그런 부분이 조금 힘들었어요. 누구나 어떤 일을 하게 되면 힘든 일은 있죠. 그런데 보람이 더 많다고 봐요."

이렇게 마트를 운영하다 보니 벌써 26년이 되었다. 26년 동안 마트를 운영해 오신 사장님은 수연홈마트에서 가장 기억에 남았던 순간들도 돌아보셨다.

"특별했던 사건이라고는 볼 수 없는데 가게가 크다 보니까……. 그 사람이 본심이 그렇겠어? 사람이 건물생심이라고. 자기도 모르게 물건을 자기 가방에 넣는 경우를 우리가 본 적이 있는데, 그분이 마음 자체가 그런 것은 아니라고 저는 생각해요. 또 이렇게 장사를 하다 보니까 뭐 이런 사람 있고 저런 사람 있는데, 다 괜찮다고 생각해요."

새삼 놀랐다. 지현이는 '내가 수연홈마트를 운영했다면 저런 상황들에서 과연 제대로 대처할 수 있었을까?'라며 놀라는 기색을 감출 수 없었다. 수연홈마트 사장님의 노련함이 엿보이는 부분이었다.

　　　　　　　　　　　－ 천○○, 양○○, 송○○, 〈계동의 냉장고 수연홈마트 이야기〉

- 질문 ①

- 질문 ②

2. 위의 글에서 인터뷰어(면담자)가 인터뷰를 진행한 목적이 무엇인지 이야기해 보자.
- 글에서 인터뷰의 목적을 짐작할 수 있는 부분에 밑줄 긋기
- 밑줄 그은 부분을 참고하여 인터뷰의 목적이 무엇이었을지 정리해 보기

(2) 인터뷰 준비하기

인터뷰 방법을 학습하고 나서 사회 시간에 모둠별로 선정한 공간 20곳을 대상으로 인터뷰를 준비했다. 젠트리피케이션의 해결은 우리의 관심으로부터 시작된다는 결론을 도출한 학생들은 모둠별로 하나씩 공간을 나누어 맡고 인터뷰를 위한 자료 조사를 진행했다.

---

1. 우리 모둠에서 선택한 공간에 대한 사전 정보를 조사해 봅시다.
- 시를 품고 있는 우리 동네의 공간을 모둠별로 선택하기
- 모둠에서 선택한 공간에 대한 자료 조사하기

(1) 우리 모둠에서 선택한 공간:

(2) 공간에 대해 내가 알고 있는 것들:

※ 우리 모둠에서 선택한 공간과 관련해서 생각나는 것들을 '단어' 위주로 최대한 많이 떠올려봅시다. (주변 환경, 간판, 외관, 내부 인테리어, 소품, 사람들, 경험한 사건, 기억, 역사, 느낌 등)

2. 인터넷에서 해당 공간에 대한 자료를 찾고, 새롭게 알게 된 내용들을 정리해 봅시다.

• 새롭게 알게 된 것: (단어로 표현) • 내용 설명: • 출처:	• 새롭게 알게 된 것: (단어로 표현) • 내용 설명: • 출처:
• 새롭게 알게 된 것: (단어로 표현) • 내용 설명: • 출처:	• 새롭게 알게 된 것: (단어로 표현) • 내용 설명: • 출처:

※ 출처 작성 시 '작성자, 글 제목, 사이트 이름, 작성일'을 순서대로 표시해 주세요.

3. 선택한 공간을 가운데 원 안에 적고, 모둠에서 수집한 자료를 마인드맵을 통해 정리해 봅시다.

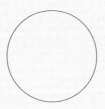

인터뷰를 준비하며 가장 많이 신경을 쓴 두 가지 활동이 있다. 바로 '인터뷰를 청하는 글쓰기'와 '질문 만들기'다. 마을과 함께 만들어가는 수업인 만큼, 학생들이 마을 공동체의 일원으로서 주민분들에게 최대한 예의를 갖추어 활동했으면 하는 바람이 있었다. 사실 활동 전에 미리 마을 분들을 만나 인터뷰 허락을 받아놓은 상황이었지만, 학생들에게 그 이야기는 쏙 빼고 스스로 인터뷰 약속을 성사시켜야 한다는 것을 강조했다. 학생들 사이에 긴장감이 고조되자 모둠 안에서는 자연스럽게 공손하고 예의 바르게 부탁하는 방법에 대한 고민이 오갔다. 역시 교사의 하얀 거짓말은 성공적인 수업 활동의 필수 조건이 아닐까 하는 생각이 들었다. 인터뷰 요청 글을 쓰기 위해 포함해야 하는 내용은 다음과 같았다.

1. 인터뷰이(인터뷰 대상)를 선정하고, 인터뷰를 요청하는 글을 써봅시다.

인터뷰의 대상자 (찾아갈 공간에 대한 이야기를 들려줄 사람을 선정)	• 인터뷰 대상: • 선정한 이유:
인터뷰의 목적 (인터뷰를 진행하는 목적이 무엇인지 분명하게 정리하기)	

2. 활동의 목적을 밝히며 최대한 공손하게 인터뷰 요청 글을 써봅시다.

- 인터뷰 활동의 목적 설명하기
- 인터뷰 내용을 녹음할 것을 공지하고 양해 구하기
- 만날 시간 및 장소 약속 잡기
- 위의 3가지 내용을 모두 포함하여 5줄 이상으로 편지글 작성하기

이번 인터뷰의 목적은 익숙한 우리 동네의 공간들이 품고 있는 소중한 가치를 찾아 시를 쓰는 것이었다. 물론 젠트리피케이션의 위기 속에서 사라져가는 것들의 가치를 찾기 위한 목적도 있었지만, 이를 언급하는 것은 가게 사장님들께 실례되는 일일 수 있기 때문에 최대한 이 내용을 노출하지 않도록 주의를 주었다.

이어서 인터뷰 활동의 핵심이라고 할 수 있는 '질문 만들기' 활동을 진행했다. 교사가 사전에 만들어둔 '기본 질문' 중 3~5개의 질문을 포함해서 모둠별로 질문 15개를 만들게 했다.

교사가 제시한 기본 질문 (아래의 질문 중 3~5개의 질문 포함하기)

- 공간에 대한 소개 및 자랑?

- 언제부터 우리 동네에서 생활했는지? (언제, 어떻게 이곳에 오게 되었는가?)

 - 이 공간에서 바라본 우리 동네의 어제와 오늘?

 - 이 공간에서 생활하며 가장 기억에 남는 순간?

 - 이 공간에서 생활하며 느끼는 아쉬움?

 - 중앙중학교 학생들에게 전하고 싶은 말?

 - 나에게 '우리 동네'란?

학생들이 만드는 질문에 장난스러운 내용이 나오지는 않을까 우려가 되기도 했지만, 우리에게 귀한 시간을 내주시는 인터뷰이에게 실례가 되지 않아야 한다고 미리 이야기해서인지 대부분 진지한 질문들이었다. 15개의 질문을 모두 만든 모둠은 인터뷰의 흐름을 고려해서 질문의 순서를 재구성하는 활동을 했다. 교사가 모둠별로 피드백을 진행하는 동안, 질문을 완성한 학생들에게는 역할극 방식으로 인터뷰 상황을 시연해 보며 모둠에서 만든 인터뷰 질문의 흐름이 적절한지 점검해 보도록 했다.

* 마인드맵으로 정리한 공간에 대한 정보를 토대로 인터뷰 질문을 만들어봅시다.
 - 마인드맵으로 정리한 공간에 대한 정보를 참고하여 질문 만들기
 - 인터뷰의 목적과 대상을 고려하여 질문 만들기
 - 개인별 질문 만들기(5개 이상), 모둠원들의 질문 옮겨 적기

(1) 모둠에서 만든 인터뷰 질문 모아 보기

(2) '기본 질문'을 포함, 모둠별 질문 순서 재구성하기

(3) 다음 표의 평가 항목에 표시, 모둠별 활동 과정을 평가하고 질문 수정하기

평가 내용	모둠 활동 평가		
면담 목적에 부합하는 질문을 선정했는가?	☐ 이 정도면 잘했지	☐ 조금 아쉽지만 그런대로	☐ 더 잘할 수 있었을 텐데
상대방에게 실례가 될 수 있는 질문은 없는가?	☐ 이 정도면 잘했지	☐ 조금 아쉽지만 그런대로	☐ 더 잘할 수 있었을 텐데
질문을 일정한 기준과 순서로 배열했는가?	☐ 이 정도면 잘했지	☐ 조금 아쉽지만 그런대로	☐ 더 잘할 수 있었을 텐데

점검 결과를 바탕으로 의미 있는 인터뷰가 진행될 수 있도록 질문을 수정해 봅시다.

인터뷰 요청 글과 질문이 완성된 모둠은 떨리는 마음을 가득 안고 인터뷰 섭외 전화를 걸었다. 몇 차례 심호흡을 마친 학생들이 긴장 가득한 모습으로 조용한 장소를 찾아 쪼르르 몰려 나갔다. "해냈다!" 들뜬 목소리와 함께 교실로 복귀하는 학생들의 모습을 보며, 인터뷰는 준비에서부터 큰 성취감을 줄 수 있는 살아 있는 활동이라는 것을 다시 한 번 느낄 수 있었다.

(3) 인터뷰 진행 및 보고서 작성하기

마을 주민들과의 인터뷰는 모둠별 일정에 맞추어 진행했다. 가능하면 수업 시간 내에 활동을 진행하고 싶었지만, 가게 사장님들의 생업에 피해를 줄 수는 없었기 때문에 대부분의 인터뷰는 방과후 시간에 이루어졌다. 지역사회로 수업의 틀을 확장해 나가기 위해서는 수업 시간의 틀도 과감하게 확장해 보는 시도가 필요하다는 생각이 들었다.

마을 가게 사장님과 시간을 맞추기 어려운 모둠은 전화로 인터뷰를 진행하도록 했다. 모둠별 인터뷰의 취지를 살리기 위해 모둠원이 한데 모여 한뼘통화(스피커폰) 설정을 해두고 인터뷰를 진행했다. 또한 마을 가게에 대한 시를 쓰기 위해서는 그 공간을 직접 찾아가서 둘러보고 공간이 품은 가치를 몸소 느껴보는 것이 중요했기 때문에, 전화 인터뷰를 통해 공간에 대한 이해를 높인 뒤 꼭 해당 공간에 실제로 한번 가보도록 안내했다.

인터뷰 활동 시 주의사항

- 밝은 표정으로 상대와 눈을 맞추며 확실하고 분명하게, 구체적으로 질문하기
- 최대한 집중하며 경청하기 + 인터뷰의 내용을 메모하며 듣기
- 미리 준비한 질문 이외에도 대답 속에서 질문거리를 찾아서 자연스럽게 다음 질문으로 연결하기
- 무심코 한 행동이 상대를 기분 나쁘게 할 수 있으니 꼭 유의하기
- 몸짓, 표정 등을 어떻게 해야 하는지, 만나러 가기 전에 예비 연습 하기
- 상대에게 마음의 양식을 얻으러 가는 것임을 기억, 물질적인 부담을

주면 안 된다는 것을 명심하기
- 각자의 역할을 잘 수행하는 것도 중요하지만, 인터뷰는 힘을 모아 함께하는 것. 서로 도와주며 활동하기

원활한 활동과 평가를 위해 모둠별로 역할을 나누어 인터뷰를 진행하고 보고서를 작성했다. 나눈 역할은 '사진, 녹취, 인터뷰어' 이렇게 세 가지였다.

'사진'은 인터뷰의 모든 과정을 사진으로 찍고, 각각의 사진에 설명을 다는 역할을 했다. 이 역할을 맡은 학생이 제출하는 보고서는 '인터뷰 활동 기록 보고서'였는데, 이 보고서를 보면 직접 인터뷰의 과정을 보지 못한 사람도 생생하게 현장감을 느낄 수 있게 해달라고 주문했다. 모둠원 가운데 상대적으로 글쓰기 활동에 어려움을 느끼는 학생이 있다면 이 역할을 맡을 수 있게 했다.

사진 - 인터뷰 활동 기록 보고서

- 답사에서부터 인터뷰를 마칠 때까지, 활동의 전 과정을 사진으로 남기기
- 각각의 사진을 설명하며, 당시의 상황을 생생하게 전달하는 보고서 작성하기
  ① 선택한 공간으로 가는 길의 풍경이 담긴 사진
  ② 공간의 외관이 담긴 사진
  ③ 공간의 내부 모습이 담긴 사진
  ④ 인터뷰 장면이 담긴 사진
  ⑤ 모둠원과 인터뷰이가 함께 나온 단체 사진
  ⑥ 그 밖에, 시 쓰기에 참고가 될 만한 사진

학교를 마치고 사장님을 만나러 가는 길의 풍경이다. 그때 내비게이션을 켰는데 다른 카페로 안내해서 매우 당황했었다. (도보로 무려 20분 거리에 있는 ㅋㅋ) 하지만 다행히 모둠 친구들의 레이더망에 들어와서 무사히 도착했다.

우리 모둠 친구들의 레이더에 걸려들었던 소소 카페의 외관이다. 인터뷰에 앞서 우리 는 너무 긴장돼서 의식(?) 같은 것을 치르고 들어가려고 했다. 그런데 사장님께서 교복을 입은 우리를 알아보셔서서 의식을 마치지 못 하고 들어갔다. ㅋㅋ 심장이 두근두근도 아 니고 쿵쾅쿵쾅 뛰었다.

마지막으로 찍은 단체 사진이다. 윤희나 사 장님! 저희에게 음료수도 한 명씩 다 챙겨주 시고, 인터뷰 답변도 열심히 해주셔서 정말 감사합니다!

'녹취'는 인터뷰에서 주고받은 모든 내용을 녹음하고, 녹음한 내용을 일문일답(Q&A) 형식으로 정리하는 역할을 맡았다. '음성을 텍스트로 바꿔주는 녹음 앱'을 활용해서 인터뷰 내용을 정리하도록 했는데, 텍스트로 변환된 인터뷰이의 답변에서 어색한 부분이 있으면 그 의도를 왜곡하지 않는 선에서 자연스럽게 내용을 재구성해 달라고 했다. 이 학생들이 제출하는 '인터뷰 내용 정리 보고서'는 시 창작을 위한 중요한 재료가 되기 때문에, 활동에 참여도가 높고 성실한 학생이 맡아서 진행했을 때 최고의 효과를 낼 수 있다.

녹취 – 인터뷰 내용 정리 보고서

- 인터뷰 과정에서 녹취(녹음/녹화)한 내용을 '모두' 풀어내기
- 모두 풀어낸 녹취록을 인터뷰 흐름에 맞게 정리하는 보고서 작성하기
  ① 녹취한 내용을 '모두' 글로 정리하기
  ② 인터뷰 목적과 주제에 맞게 인터뷰 내용을 정리하기 ('일문일답/Q&A' 형식으로 정리)
  ③ 인터뷰 대상의 답변에서 어색한 부분이 있으면 내용 재구성하기 (단, 인터뷰 대상의 의도를 왜곡하지 않아야 함)

녹취 – 인터뷰 내용 정리 보고서 (예시)

조○○: 안녕하세요! 저희는 중앙중학교 1학년 학생들입니다. 우리 동네의 사랑방이라고도 불리는 '북촌탁구'에 대해 알아보고 싶어서 인터뷰를 요청드리고자 합니다.

박 관장님: 반가워요. 무엇이든 편하게 물어보세요.

조○○: '북촌탁구'에 대해 자료를 조사해 보니 관장님에 대한 정보가 많이 나오더라고요. 혹시 '홍 반장'과 '북촌 문화부장관'이라고 불리시는 이유가 무엇인가요?

(중략)

조○○: 마지막으로 무거운 질문을 하나 던지려고 합니다. 이렇게 북

186

촌에 대한 사랑이 크시다 보니, 북촌에서 벌어지고 있는 '젠트
리피케이션'에 대해서도 생각이 많으실 것 같아요. 이곳에 프
랜차이즈 가게가 많이 들어오고 기존의 특색 있는 가게들이
사라지는 현상에 대해서 어떻게 생각하시나요?

박 관장님: 너무 안타깝죠. 여러분들도 느끼고 있겠지만 계동길이 커
피 거리가 되어가고 있는 것 같아요. 강릉에 보면 '안목 해수욕
장'이라는 해안가를 끼고 커피 거리가 펼쳐져 있는 곳이 있지
요. 그런 곳은 괜찮은 것 같아요. 해안가에서 놀다가 앉아서 쉴
수 있는 곳이 많으면 좋으니까요. 그런데 이곳이 커피 거리가
되면 잃게 되는 것이 많은 것 같아요. 물론 커피가 나쁘다는 것
은 아니지만, 기존에 자리 잡고 있던 작은 공방들이나 소소한
가게들이 더 이상 견디지 못해 사라진 자리에 카페나 베이커리
가 들어오고 있잖아요. 그래서 아쉽긴 하지만, 저는 또 새로 들
어온 그분들이 여기에 좀 오래 있었으면 좋겠다는 마음이에요.
그래도 한번 여기에 정착했으면 동네의 한 식구인데 오랫동안
함께하면 좋잖아요. 그래서 저는 올해 목표로 '동네 잡지'를 만
들어보려고 생각하고 있어요. 우리 동네의 자랑거리들뿐만이
아니라 처음 이 동네에 가게를 오픈한 사람들도 소개하는 그런
잡지 말이에요. 이곳은 주말이면 항상 관광객들로 바글바글하
지만, 정작 주민들과 상인들 간의 소통은 점점 사라지고 있어
요. 그래서 동네의 구성원들이 함께 소통하고, 관광객들도 우리

북촌의 다양한 모습을 알아갈 수 있는 기회가 만들어지면 좋을 것 같아요. 아마 이런 노력들이 있으면 젠트리피케이션도 이겨 낼 수 있는 북촌만의 끈끈함이 만들어지지 않을까요?

조○○: 그런 잡지가 나온다면 정말 좋을 것 같아요. 지속적으로 꿈과 목표를 가지고 활발하게 활동하시는 관장님께 본받을 점이 참 많은 것 같습니다. 응원하는 마음으로 저희도 학교에서 열심히 생활하겠습니다. 오늘 저희와 인터뷰에 응해주셔서 정말 감사드 립니다.

박 관장님: 지금 이렇게 인터뷰하는 것도 정말 훌륭한 활동이에요. 나 도 학생들과 즐거운 대화 나눌 수 있어서 참 좋았어요. 다음에 또 만나요!

'인터뷰어'는 모둠의 리더로서 인터뷰의 전·중·후 활동을 주도적 으로 이끌고, 모둠에서 함께 만든 질문을 기반으로 직접 인터뷰를 진 행하는 역할을 맡았다. 이 역할을 맡은 학생이 작성하는 보고서는 '인 터뷰 후기 보고서'였다. 인터뷰를 주도적으로 이끈 만큼 인터뷰를 통해 느낀 것들을 가장 생생하게 전할 수 있을 것이라 생각했다. 보고서에서 핵심이 되는 부분은 '공간에 대한 생각의 변화'였다. 매일 스치듯 지나 갔던 공간이 이번 인터뷰를 통해 어떤 의미로 다가오게 되었는지를 진 솔하게 이야기하는 보고서의 내용이 '마을 가게 시 창작'을 위한 초석 이 될 수 있을 것으로 기대했다.

- 우리가 선택한 공간 소개 및 인터뷰 전·중·후에 느낀 생각과 감정들 정리하기
- 공간에 대한 생각의 변화 과정을 담은 인터뷰 후기 보고서 작성하기
  - 우리 모둠에서 선택한 공간 소개하기
  - 공간에 대해 가지고 있던 생각 정리하기
  - 공간을 찾아가는 길 묘사하기
  - 공간과 인터뷰이에 대한 첫인상 묘사하기
  - 인터뷰를 마친 후의 감상 정리하기
  - 공간에 대한 생각의 변화에 대해 이야기하기

인터뷰어 – 인터뷰 후기 보고서 (예시)

중앙고등학교 정문을 통해 내려가면 친근한 우리의 하굣길, 계동길이 나온다. 계동길을 내려가다 보니 지난번에 마을 탐방을 갔을 때 들렀던 익숙한 가게들이 보였다. 그래도 수업 시간에 한번 봤던 곳이라고 왠지 모를 친근한 마음이 일었다. 조금 더 내려가니 GS25 앞에 빨간 천막의 세탁소가 보였다.

항상 지나치기는 하지만 한 번도 자세히 들여다보지는 않았던 공간인 이곳 백양세탁소는 계동길에서 가장 오래된 세탁소이자 유일한 세탁소이다. 세탁소 앞의 오래된 자전거 한 대와 빛바랜 빨간 천막이 이곳의 나이를 알려주는 것 같았다. 세탁소 앞에서 사진을 찍고 내부로 들어갔다. 생각했던 것보다 내부가 작았다. 세탁소 안에는 드라마 〈올인〉이 틀어져 있었고 사장님은 우리를 반겨주셨다. TV를

끄고 진행하겠다고 말씀드리기는 죄송해서 그대로 틀고 인터뷰를 진행했다.

사장님은 몇 년 전에도 중앙중학교에서 학생들이 찾아왔었다면서 학생들이 한두 명만 올 줄 알았는데 생각보다 많이 와서 놀랐다고 하셨다. 인터뷰 내내 우리 할머니의 이야기를 듣는 기분이었다. 스토리를 구체적으로 길고 재미있게 풀어주셔서 몰랐던 사실들을 정말 많이 알게 되었다. 가장 인상적이었던 건 사장님이 계동에 오게 된 이야기였다. 경상남도 마산이 고향이었던 오승호 사장님은 6·25전쟁이 일어나면서 먹고살기 위해 집을 나와 서울로 올라오셨다. 사장님이 처음부터 계동에 오셨던 건 아니다. 어쩌다 뚝섬에 가게 되셔서 무슨 일이든 먹고살기 위해 배웠다고 하셨다. 그곳에서 세탁 일을 배우고, 일에 좀 익숙해지셨을 때 바로 이곳 계동의 세탁소로 오게 되셨다. 마치 교과서에 등장할 것 같은 역사적인 인물과 만나 이야기를 하는 느낌이 들었다. 신기한 마음이 들면서도, 먹고살기 위해 세탁 일을 배우셨다는 게 마음 아팠다.

이곳에 정착해서 일하신 지도 벌써 50년이 지났다고 하셨다. 우리 부모님보다 나이가 많은 이곳에는 정말 많은 추억이 담겨 있을 것 같다는 생각이 들었다. 사장님께 지금과 예전 계동의 차이를 여쭤봤는데, 다른 곳은 많이 바뀌었지만 이 골목만은 그대로라는 말씀이 기억에 남았다. 하지만 골목을 채우는 사람들은 많이 바뀐 것 같았다. 시간이 지나면서 친하게 지내던 이웃 가게들이 하나둘 사라지고, 지금은 동네 할머니들하고만 인사를 하고 지내신다는 사장님. 새로운 가게가 생겨도 3개월 만에 다른 가게가 들어오는 현상이 반복되면서 새로운 가게들과는 친해질 기회가 많지 않다고 말씀하시는 사장님의 표정이 약간 쓸쓸해 보였다.

계동에 처음 오시게 된 이야기, 세탁소에서의 크고 작은 에피소드들, 예전 계동의 모습을 담은 이야기 등 사장님께 정말 많은 이야기를 흥미롭게 들어볼 수 있는 시간이었다. 인터뷰를 하면서 아쉬운 부분도 있었다. 드라마 소리 때문에 녹음이 잘 되지 않았던 점, 그리고 시간 때문에 질문 몇 개를 빼먹은 점이 아쉬웠다. 그래도 중간에 친구들이 사장님의 말씀에 맞추어 추임새를 넣어주는 게 웃겼고, 인터뷰를 하는 잠깐 동안 오승호 사장님의 입장이 된 기분이 들어 좋았다. 그리고 인터뷰 시간이 길어질수록 나는 이야기가 재밌었는데 애들은 점점 기운이 떨어지는 것 같았다. 특히 넋 나간 사람처럼 힘들어하는 페리체의 모습을 보는 것이 재미있었다. 이번 활동을 통해 작은 공간에서도 말로는 다 표현할 수 없을 정도로 많은 이야기가 나올 수 있다는 것을 알게 되었다.

3. 인터뷰를 기반으로 마을 가게 시 창작하기

인터뷰를 통해 우리 동네에 대한 애정이 깃든 학생들의 다음 활동은 그것을 '시'라는 언어로 기록해 보는 것이었다. 하지만 막상 시 창작 활동을 하려니 걱정이 앞섰다.

'시 읽기를 좋아하지 않는 국어 교사가 어떻게 시 쓰기를 수업에서 다룰 수 있지? 과연 내가 학생이 쓴 시를 첨삭해 줄 수나 있을까? 일단 나부터 써봐야 하는 거 아니야?'

다행히 내 곁에는 시 창작 수업의 길을 안내해 주는 많은 이정표들이 있었다. 가장 큰 도움을 받았던 것은 전국국어교사모임의 회지인 《함께 여는 국어교육》(2020, 겨울호)이었다. '시 창작 교육'을 초점으로 한 회지의 내용을 찬찬히 읽으며 동료 교사들의 수업 사례를 살피다 보니, 나도 한번 시도해 볼 수 있겠다는 자신감이 붙기 시작했다. 그래서 시 창작 수업을 시도해 볼 수 있도록 용기를 불어넣어 준 박연준 시인의 산문집 《쓰는 기분》을 주 텍스트로 삼고, 회지에 소개된 여러 작가의 책 내용을 발췌해서 수업 자료로 재구성했다.

시 창작 수업을 위해 참고한 책 목록

시 이론 관련 책 목록	시집 목록
쓰는 기분 시의 문장들 시 읽는 법 문학, 내 마음의 무늬 읽기 SNS보다 쉬운 시 쓰기, 시톡 나는 매번 시 쓰기가 재미있다	당신의 슬픔을 훔칠게요 딸아, 외로울 때는 시를 읽으렴 1, 2 나는 지금 꽃이다 문득 사람이 그리운 날엔 시를 읽는다 눈만 봐도 다 알아 난 학교 밖 아이 꽃을 보듯 너를 본다 난 빨강 詩누이 왜 그러세요, 다들 내가 아직 어려서 미안해 북촌

국어과 수업 활동 과정

차시	수업 내용
1~2	**수집한 정보를 기반으로 시 창작하기** – 인터뷰 보고서를 참고, 개인별 마을 시 창작히기
3~4	**작품 고쳐쓰기 및 퇴고하기** – 모둠원의 시를 돌려 읽고 시에 대한 피드백 진행하기 – 피드백 내용을 기반으로 시 고쳐쓰기 및 퇴고하기
5~7	**'시인과의 대화' 인터뷰 영상 만들기** – 모둠원 중 한 명을 대표 시인으로 선정, 인터뷰를 위한 질문 만들기 – 각자 역할에 맞게 '시인과의 대화' 인터뷰 영상 만들기 활동 진행하기

활동 평가

성취 기준	평가 내용	평가 기준(채점 기준)		
		상	중	하
9국 05-02	마을 시 창작하기 — 형식과 표현 방식을 고려하여 한 편의 시를 창작할 수 있다.	비유와 상징 등 주제를 효과적으로 드러낼 수 있는 형식과 표현 방식을 활용하여 '우리 동네'에 대한 한 편의 시를 창작함	비유와 상징 등의 형식과 표현 방식을 활용하여 '우리 동네'에 대한 한 편의 시를 창작함	'우리 동네'에 대한 시를 창작했지만 형식과 표현 방식이 어우러지지 않음
9국 01-03	적절한 질문 만들고 인터뷰 하기 — 인터뷰(면담)를 통해 시에 대한 이해를 심화할 수 있다.	시에 대한 이해를 심화할 수 있는 질문을 적절하게 재구성하여 면담을 체계적으로 준비하고 진행함	시를 이해하기 위한 질문을 재구성하여 면담을 준비하고 진행함	시의 표면적인 내용에 대한 질문을 준비했으며, 질문의 흐름이 다소 어색함

193

9국 03-08	시인과의 대화 인터뷰 영상 만들기	'시인과의 대 화' 인 터 뷰 영상을 만들 어 작품에 대 한 자신의 생 각을 표현할 수 있다.	영상 매체를 활 용하여 인터뷰의 내용과 분위기를 효과적으로 표현 함	영상 매체를 활 용하여 인터뷰의 내용과 분위기를 적절하게 담아냄	영상 매체를 활 용하여 인 터 뷰 현장을 담아냈지 만, 인터뷰 내용 이 잘 드러나지 못함

(1) 수집한 정보를 기반으로 시 창작하기

앞서 완성한 모둠별 '인터뷰 보고서'를 중심으로 개인별 시 창작 활동
을 진행했다. 학생들에게는 인터뷰 내용 중 마을의 '삶' 속에서 '시'가
될 만한 의미 있는 순간들을 포착해서 시를 써보라고 안내했다.

시 어떻게 쓸까?

① 시의 줄거리 잡아보기
 – 선택한 공간에 대해 말하고 싶은 것을 중심으로 마인드맵 그리기
 – 전달하고 싶은 주제 및 주제를 표현하기 위한 글감 찾아보기
② 작품의 모습을 떠올리기
 – 시를 시답게 하는 요소들을 떠올리기 (운율, 비유와 상징, 함축과 생략, 일상의 재발
  견 등)
 – 나의 작품이 어떤 방향으로 나아갈지를 생각해 보기
③ 시의 첫 구절을 떠올리기
 – 장면이 생생하게 그려지도록, 구체적으로 표현하기
④ 시의 줄거리를 중심으로, 물 흐르듯 써보기
 – 생생한 삶의 언어를 활용해서 진솔하게 써보기
 – 감칠맛 나고 인상 깊게 마무리하기

사실 교실 안에서 시 쓰기를 가장 어려워했던 것은 바로 나였던 것 같다. 아직 시를 어려운 학습의 대상으로 여기지 않는 중학교 1학년 학생들은 간단한 안내와 예시 자료만으로 손쉽게 한 편의 시를 써냈다.

하지만 뚝딱 완성한 시로 만족할 수는 없었다. 시 창작의 시작은 바로 지금부터였다.

초안으로 작성한 학생 창작시

북적북적 (안○○)	시작 노트
아침에는 맛탕 때문에 북적북적 점심에는 라면 때문에 북적북적 저녁에는 삼겹살 때문에 북적북적 오늘도 왕짱구 식당의 웃음소리가 끊이지 않네	사장님과의 인터뷰에서 예전에는 우리 선배들이 자주 와서 음식을 사 먹었다는 이야기를 들었다. 하지만 손님으로 북적였던 그때와는 달리, 코로나 이후에는 장사가 잘 안 된다는 사장님의 말씀을 떠올리며 '왕짱구 식당'의 옛 모습을 시로 나타내 보려 했다. 식당에서 파는 음식을 글감으로 시의 내용을 구성했다. 처음에는 주제를 정하기 어려워서 시 쓰기가 막막했다. 하지만 선생님 말씀대로 주제가 정해지니 시를 쓰는 것이 딱히 어렵지는 않았다. 시를 쓰며 특히 신경 썼던 부분은 제목이었다. 고민해서 붙여본 제목이지만 사실 아직도 제목이 마음에 들지 않는다.

(2) 작품 고쳐쓰기 및 퇴고하기

개인별 시 창작을 마친 뒤에는 모둠원과 함께 서로의 시를 돌려 읽고 고쳐쓰기를 위한 피드백을 진행했다.

먼저 학급 친구들이 쓴 시 중 하나를 선정하여 어떤 방식으로 조언을 하면 좋을지 함께 생각을 나누었다. '형식' 면에서는 성취기준과 직접적으로 연결되는 '운율, 비유, 상징' 표현이 적절하게 사용되었는지를 보았고, '내용' 면에서는 시를 통해 공간이 품고 있는 가치가 잘 드러나고 있는지에 중점을 두었다.

---

* 다음에 유의하여 친구의 시를 피드백해 봅시다.

☐ 시가 구체적이고, 경험이나 순간의 느낌이 잘 드러나나요?
☐ '연'과 '행' 구분이 자연스러우며 운율이 잘 느껴지나요?
☐ 시의 맛을 더해줄 비유나 상징 표현이 사용되었나요?
☐ 삭제해도 되는 당연한 말이 남아 있지는 않나요?
☐ 진부한 표현을 사용하지는 않았나요?
☐ 제목은 참신하고 개성적인가요?
☐ 시의 주제가 잘 드러나나요?

학생들은 서로의 시를 살피며 '좋았던 점'과 '아쉬웠던 점'을 두루 찾아 피드백을 남기며 퇴고 작업을 진행했다. 서로가 창작한 시를 살피고 시를 고쳐 쓰는 학생들의 모습이 사뭇 진지했다. '사라져가는 것의 소중함'이라는 주제를 다루는 학생들의 얼굴에서 평소의 장난스러운 표정은 찾아볼 수 없었다.

긴 호흡으로 차근차근 의미를 쌓아가다 보니 학생들도 융합수업을 통해 만들어가고 있는 이번 활동의 의미를 조금씩 깨닫고 있는 것 같았다.

좋은 부분 칭찬하기

- 김○○: '북적북적'이라는 표현을 반복해서 운율을 잘 만들었다.
- 윤○○: 맛탕, 라면, 삼겹살 같은 음식들로 인해 손님으로 붐비는 식당의 모습이 잘 표현되었다.

더 좋은 시를 위한 조언 남기기

- 김○○: 시작 노트에 쓴 것처럼 제목이 너무 단순해서 아쉬운 것 같다.
- 윤○○: 시의 주제와 목적이 잘 드러나지 않는 것 같다. 식당의 과거와 현재를 바라보는 사장님의 마음이 드러나면 좋을 것 같다.

⇩

짱구를 기억해 줘 (안○○)		퇴고 노트
아침에는 맛탕 덕분에 북적북적 점심에는 라면 덕분에 북적북적 저녁에는 삼겹살 덕분에 북적북적	하지만 이젠 그 소리가 들리지 않네 북적북적 우리 동네 짱구의 하루를 기억해 줘	친구들이 남겨준 피드백을 참고하여, 시 속에 왕짱구 식당 사장님의 아쉬움을 담아보려고 했다. '북적북적'이라는 소리를 중심으로 과거에는 손님으로 북적였던 식당이 지금은 조용해진 것을 표현했다. 사장님께서는 이런 식당의 현실에 안타까움을 느끼고 계실 것 같다는 생각이 들어서, 시를 읽는 독자들이 북적였던 짱구의 하루를 함께 기억해 주었으면 좋겠다는 마음을 표현하고자 했다. 제목도 이런 마음을 담을 수 있도록 '짱구를 기억해 줘'로 바꿔보았다.

(3) '시인과의 대화' 인터뷰 영상 만들기

이번 수업 활동을 기획하면서 꼭 시도해 보고 싶은 것이 하나 있었다.

바로 퇴고를 마치고 한 편의 시를 완성한 학생들에게 '시인'이 되었다는 성취감을 느낄 수 있도록 하는 것이었다.

자연스럽게 학생들의 시를 엮은 '시집'을 출간해 봐야겠다는 생각이 떠올랐다. 그런데 형식이 문제였다. 단순히 학생들이 쓴 '시'와 '시작노트'를 나열하는 것은 이번 활동의 의미를 온전히 담아낼 수 없을 것 같다는 생각이 들었다. 어떻게 하면 좋을지 고민하던 중 서점에서 《시소》라는 문학 작품집을 만나게 되었다.

'시소'란 2021년 봄부터 시작된 프로젝트의 이름으로, 매 계절 발표된 '시'와 '소설'을 한 편씩 선정하여 알리고 있다. 이 프로젝트에서 2022년 초에 첫 번째로 엮은 작품집이 바로 《시소 - 첫 번째》이다. 이 작품집에서 가장 인상 깊었던 것은 바로 작품집의 구성이었다. 계절마다 시와 소설을 한 편씩 선정해서 수록한 것도 좋았지만, 무엇보다 눈길이 갔던 것은 작품마다 이어지는 '작가와의 인터뷰'였다.

작가 인터뷰는 시를 어려워하는 나에게 작품의 의미를 생생하게 감상할 수 있도록 해주는 좋은 지침을 마련해 주었다. 인터뷰 글의 마지막에는 인터뷰 영상이 담긴 QR코드가 있는데, 머릿속으로만 상상하던 작가의 모습과 음성을 실제로 들을 수 있어 더욱 그와 가까워지는 느낌을 받을 수 있었다.

이거다 싶었다. 어차피 '면담(인터뷰)' 성취기준을 중심으로 시 창작 수업을 할 계획이었다. 한 걸음 나아가 학생이 창작한 시를 중심으로 학생 간 인터뷰 활동을 하며 수업을 마무리하면 학생들에게도 더 오래 기억에 남을 뿐 아니라 책 출간 시에도 독자들에게 더욱 생생하게 이번 활동의 의미를 공유할 수 있지 않을까 생각했다.

* 우리 모둠의 대표 시인을 선정하고, '시인과의 대화'를 준비해 봅시다.

    (1) 모둠원이 쓴 시를 돌려 읽고 모둠별 대표 시인 선정하기

    (2) 모둠의 대표 시인을 인터뷰하기 위한 질문 만들기

    (3) 각자 역할에 맞게 '시인과의 대화' 인터뷰 영상 만들기 활동 진행하기

(1) 모둠의 대표 시인 및 작품 선정하기

  • 우리 모둠에서 선정한 시의 제목 / 시인 이름:

  • 선정 이유:

(2) 아래의 '기본 질문'을 참고, 인터뷰의 목적과 흐름을 고려하여 질문 만들기

  • 모둠의 대표 시인이 된 기분?

  • 시를 통해 독자들에게 이야기하고 싶었던 것과 그 이유는?

  • 시를 쓰면서 가장 신경 썼던 부분은?

  • 시를 쓰면서 좋았던 점과 힘들었던 점?

  • 시의 대상이 된 공간에 대한 생각의 변화?

  • 시를 대하는 앞으로의 자세?

  • 지난 활동의 '인터뷰이(마을 가게 사장님)'에게 전하고 싶은 이야기?

  • 나에게 우리 동네란?

(3) 각자의 역할에 맞게 '시인과의 대화' 인터뷰 영상 만들기

역할	활동 내용	제출 과제	이름
시인	'인터뷰이'가 되어 질문에 답하기	인터뷰 내용 정리 보고서	
배우	'인터뷰어'가 되어 질문하기		
PD	인터뷰 영상 기획하기	영상 기획 보고서 및 영상 편집본	
편집	인터뷰 영상 편집하기		

    마을 가게 사장님들을 인터뷰할 때는 기회가 한 번밖에 없다는 생각에 교사와 학생 모두 조심스러운 마음으로 인터뷰를 준비했다. 인터

뷰를 나가기 전 교사가 모든 질문을 검토했기 때문에 비교적 정제된 질문이 만들어졌으며, 인터뷰 결과물에 대해서도 반성적 성찰보다는 '인터뷰를 해냈다'는 성취감을 공유하는 것이 주가 되었다.

하지만 '학생 시인 인터뷰' 과정에서는 서로 자유롭게 질문과 대답을 주고받다 보니 '망하는 인터뷰'를 여러 모둠에서 발견할 수 있었다. 자연스럽게 다시 한번 좋은 인터뷰의 조건에 대해 생각해 보는 시간을 가졌으며, 어떻게 질문을 던져야 좋은 인터뷰가 만들어질 수 있는지 더욱 실질적으로 느껴볼 수 있었다.

'마을 가게 인터뷰'가 타인에 대한 이해와 공감을 기반으로 시를 창작해 보기 위한 활동이라면, '학생 시인 인터뷰'는 나 자신을 이해하고 공감하기 위한 활동이었다. 하나의 주제에 인터뷰를 두 번이나 진행하는 것이 바쁜 학기 말에 큰 부담이 되기도 했다. 하지만 직접 '시인'이 되어 긴 호흡으로 이어진 활동의 의미를 나 자신의 목소리로 풀어낸 덕분에 이번 활동의 의미가 무르익을 수 있었다.

'시인과의 대화'
인터뷰 영상 만들기
활동 영상 QR코드

시인: 안녕하세요. 시인 유○○입니다.

이○○: 안녕하세요. 저희는 북촌의 해적들입니다. 북촌의 보물, 재동 문구점에 대한 시를 읽고 새로운 보물로 선정된 시인님을 인터 뷰하러 찾아왔습니다.

박○○: 저희가 시인님을 북촌의 새로운 보물로 선정했는데요, 이렇 게 선정된 기분이 어떠세요?

시인: 조금 부끄럽기도 하고, 뿌듯하고 기쁘기도 하네요. 이 시를 쓰 면서 나름 걱정됐었는데, 그 걱정이 날아가는 것 같아요.

이○○: 아까 시인님의 시 〈____이 좋아서〉를 낭송해 보았는데, 역시 나 참 좋더라고요. 혹시 시에 대해 소개해 주실 수 있을까요?

(중략)

박○○: 그런데 이 시를 쓰면서 가장 고민이 되었던 부분은 무엇이었 을지 궁금합니다. 만약 저라면 고민을 엄청 많이 했을 거 같거든 요.

시인: 이 시에 사장님의 시선과 마음을 함께 넣어야 했는데, 저의 마 음이 아닌 사장님의 마음이다 보니 어려움이 있더라고요. 솔직 히 그 마음을 가장 완벽하게, 또 자연스럽게 녹여내는 것이 가장 고민되었던 부분이었던 것 같아요.

박○○: 시를 읽으면서 굉장히 특이한 점이 있었어요. 시의 제목이기 도 한 '____이 좋아서'라는 부분이었는데요. 왜 시어를 사용하지 않고 밑줄 표시를 했는지, 그 비밀을 알려주실 수 있을까요?

시인: 혹시 이 부분에서 숨겨진 표현이 무엇인지는 찾으셨을까요?

이○○: 음, '아이들'이라는 표현이 아니었을까요?

시인: 정답입니다. 말씀하신 것처럼 '아이들'이라는 말을 담고 싶었어요. 저는 이 표현이 가장 중요하다고 생각했거든요. 저는 시에 매력적인 요소, 더 특별하고 인상 깊게 만들어주는 요소를 추가하고 싶었어요. '____이 좋아서'라는 표현은 저의 시를 사람들이 인상 깊게 봐주고, 좋은 인상을 가졌으면 좋겠다는 마음을 갖고 만들어본 표현이에요. 이 시를 읽고 나면 '아이들'이라는 단어가 쉽게 유추가 되는데, 이렇게 간접적으로 표현하여 사장님의 마음에 더 가깝게 다가가 보고 싶은 마음도 있었습니다. (후략)

'시인과의 대화'
인터뷰 영상
QR코드

(수업 의미 확장하기) 시와 함께하는 우리 동네

2022년 10월 7일, 학교에서는 한글날 기념행사를 준비하는 발걸음이 분주했다. 매년 진행하는 행사지만, 교사와 학생 모두 평소보다 들뜬 모습이었다. 바로 지난 1학기에 교과 융합으로 진행한 수업 활동 발표회를 하는 날이었기 때문이다.

행사의 이름은 '시와 함께하는 우리 동네 한 바퀴'였다. '국어, 사회, 영어, 목공예(자유학기제 예술 프로그램)' 수업 시간에 공들여 이룬 결과를 학교 구성원들, 마을 주민들과 공유하기 위해 선생님들과 한 번 더 의기투합해 행사를 준비했다.

1. 수업 활동 발표회 및 작가 초청 강연

행사가 진행되는 날 아침, 학교 강당에서는 1학년 학생들이 융합수업 활동을 통해 찾은 '느낌표'를 공유하는 행사가 열렸다.

1학기에 진행했던 융합수업 활동 과정을 전교생 앞에서 자신 있게 발표하는 1학년 친구들의 모습을 보며, 지난 수업이 학생들에게 하나의 의미로 기억되고 있다는 사실을 발견할 수 있었다. 발표하는 학생들, 발표를 듣는 학생들 모두 '삶이 시가 되는 순간'을 돌아보는 시간을 가질 수 있었다.

이 행사에는 특별한 손님으로 박연준 시인을 초청했다. 박연준 시인은 나에게 은인 같은 분이다. 2021년 가을, 박연준 시인의 산문집《쓰는 기분》을 읽으며 학생들과 함께 시 수업을 해보고 싶다는 마음을 품게 되었기 때문이다. 책을 통해 얻은 용기 덕분에 지난 1학기를 시로 가득 채울 수 있었다. 그래서 더욱 학생들과 함께한 활동을 박연준 시인과 공유했으면 하는 마음을 품게 되었다. 다행히 박연준 시인은 흔쾌히 강연을 허락해 주었다.

"시인이나 작가는 지금 여기에 앉아 있는, 여러분과 같이 반짝반짝한 눈을 가진 사람들 가운데서 나와요. 대단한 사람들이 작가가 되고 글을 쓰며 사는 것이 아니라, 여러분들처럼 국어 시간에 선생님의 이야기를 듣고 문학을 읽으며 눈을 반짝이다 보면 어느 날 문득 글을 쓰게 되는 거예요."

학생들의 발표를 처음부터 끝까지 지켜봐 주고, '쓰는 기분'이 무엇인지에 대한 생생한 이야기를 남겨준 박연준 시인 덕분에 발표회 자리가 더욱 빛날 수 있었다.

학생들은 강연이 끝나고 나에게 찾아와 "선생님, 성덕이 되신 거 축하드려요!"라며 찡긋 미소를 지어 보였다. 연예인을 직접 만난 팬의 마음을 이제는 공감할 수 있을 것 같다. 아직 한참 부족하긴 하지만, 언젠가는 정말 '시'라는 분야에 대한 '성덕'이 되고 싶다는 생각을 하게 되었다.

마을 가게 시 쓰기 활동 과정 소개

'작가와의 대화' 형식으로 시 창작 과정 안내

박연준 시인 초청 강연

2. 시의 향기가 흐르는 북촌 계동 스탬프 투어

시 수업 발표회와 박연준 시인 강연을 마치고, 학생들은 1학년들이 직접 만든 '북촌 계동 스탬프 투어'를 직접 체험하는 시간을 가졌다.

"스탬프 투어는 1학년 학생들이 진행한 프로젝트 수업의 결과입니다. 학생들은 마을 답사를 통해 북촌 계동의 정체성을 이루고 있는 가게 20곳을 선정하고 소개글을 썼으며, 가게 사장님들과의 인터뷰를 통해 삶의 향기가 묻어나는 시를 창작했습니다.

1학년 학생들의 시각과 감성을 따라 북촌 계동마을의 가게들을 돌아보는 스탬프 투어 활동을 통해 우리 동네 북촌이 품고 있는 다양한 가치와 의미가 널리 공유될 수 있기를 기대합니다.

지도에 표시된 마을 가게에서 스탬프를 찍고 QR코드를 스캔하여 학생들이 쓴 창작시를 감상해 주세요. 시의 향기가 흐르는 북촌 계동마을의 가게들을 돌아보는 이번 스탬프 투어를 통해 사람 냄새가 가득한 우리 동네의 가치를 느껴볼 수 있기를 바랍니다."

목공예 수업 시간에 학생들이 만든 스탬프 도안을 활용해서 행사 '리플릿' 및 '만년 도장'을 만들었다. 마을 가게 사장님께 다시 한번 양해를 구하고, 각 도장을 작은 선물 상자로 만든 '간이 부스'에 넣어 사장님들께 전달해 드렸다. 간이 부스에 인쇄된 QR코드를 찍으면 자동으로 '행사용 사이트'로 연결되어 해당 가게에 대한 학생들의 창작시와 인터뷰 글을 확인할 수 있다.

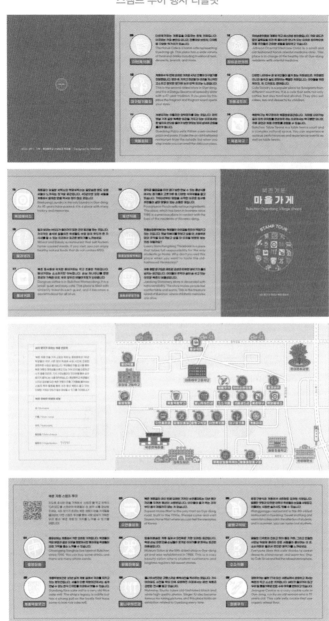

가게 비치용 간이 부스

스탬프 투어 행사용 사이트

사이트에 수록된 내용

‑ 수업 활동 과정 소개: 국어+사회+영어+목공예

‑ 마을의 정체성을 이루는 공간 소개 (국문/영문)

‑ 공간별 학생 창작시

‑ 가게 사장님, 학생 시인 인터뷰 및 활동 후기 글

‑ 학생 창작시 영문 번역본

스탬프 투어용 사이트
QR코드

북촌 계동의 골목골목이 학생들의 들뜬 발걸음으로 분주해졌다. 학생들은 사회과 수업 활동을 통해 직접 기획한 '북촌 스탬프 투어'를 체험하면서 오랜만에 모둠별 인터뷰 활동을 했던 장소를 찾아가 사장님들과 반가운 인사를 나누었고, 가게 사장님들은 학생들의 반짝이는 모습을 애정 어린 눈으로 보듬어주셨다. '마을'과 '학교'가 함께하는 교육의 힘을 느낄 수 있는 뜻깊은 순간이었다.

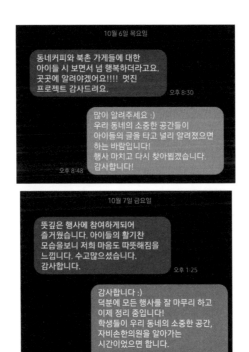

10월 6일 목요일

동네커피와 북촌 가게들에 대한
아이들 시 보면서 넘 행복하더라고요.
곳곳에 알려야겠어요!!!! 멋진
프로젝트 감사드려요.
오후 8:30

많이 알려주세요 :)
우리 동네의 소중한 공간들이
아이들의 글을 타고 널리 알려졌으면
하는 바람입니다!
행사 마치고 다시 찾아뵙겠습니다.
감사합니다!
오후 8:48

10월 7일 금요일

뜻깊은 행사에 참여하게되어
즐거웠습니다. 아이들의 활기찬
모습을보니 저희 마음도 따뜻해짐을
느낍니다. 수고많으셨습니다.
감사합니다.
오후 1:25

감사합니다 :)
덕분에 모든 행사를 잘 마무리 하고
이제 정리 중입니다!
학생들이 우리 동네의 소중한 공간,
자비손한의원을 알아가는
시간이었으면 합니다.

평안한 금요일 오후 되시길
바랍니다!!
오후 4:39

수업 후기

국어, 영어, 사회, 목공예 수업에서 힘을 합쳐 기획하고 진행한 '시와 함께하는 우리 동네 한 바퀴' 수업이 우리 동네가 품은 소중한 가치들을 기억할 수 있는 시간이 되었으면 하는 바람이 있었다. 단순히 재미있는 활동이 아니라 사라져가는 것들의 소중함을 느낄 수 있는 수업이 되면 좋겠다는 기대를 안고 기획한 활동이었다.

한 학기 동안의 긴 호흡으로 진행한 활동이다 보니 사실 몸은 매우 힘들었다. 원활한 교과 융합수업을 위해서는 누군가가 총대를 메야 한다는 지론에 따라 수업 연구로 겨울방학을 가득 채웠던 시간들이 주마등처럼 스친다. 하지만 덕분에 무엇과도 바꿀 수 없는 소중한 것을 손에 넣을 수 있었다.

우리를 따뜻하게 맞아주시는 가게 사장님이 계신 공간, 우리 동네에 자리를 잡고 생활한 시간만큼이나 깊은 이야기를 담고 있는 공간, 우리 동네의 정체성을 품고 있는 소소하지만 소중한 공간, 하지만 젠트리피케이션의 위기 속에서 우리의 관심과 애정이 필요한 공간. 나에게 북촌 계동의 가게들은 더 이상 출퇴근길에 스쳐 지나가기만 하던 평범한 공간이 아니었다.

수업을 함께한 1학년 학생들도 긴 활동 속에서 다양한 의미를 느껴볼 수 있었던 것 같다.

지루하게 책상에 앉아 글을 쓰는 것이 아니라 여기저기 돌아다니기도 하며 글을 쓰니 너무 재미있었다.

개인 활동도 재밌었지만, 내가 보는 내 시의 각도와 친구들이 보는 내 시의 각도가 제각각이어서 서로 소통하며 활동하니 좋았다. 국어 수업인데 국어 수업 같지 않고, 또 국어 수업이 아닌 것 같은데 국어 수업이어서 신기했달까? 초등학교 때 배운 시는 따분하고 우리에게 미움을 받는 존재였지만, 이제야 제대로 배운 것 같아 한편으로는 뿌듯하고 중앙중학교에 와서 행운이라고 느껴진다.

내가 가장 신경 쓰고 집중했던 부분은 공간에 관해서 시를 쓰는 활동이었다. 안타깝게 모둠 대표 시인으로 뽑히지는 못했지만, 그때 했던 시 쓰기 활동은 1학기 통틀어서 내가 가장 열심히 했던 활동이라고 해도 과언이 아니라고 생각한다. 그만큼 이 수업은 나에게는 재미있었고 신나는 시간이었다.

이번 활동은 나에게 새로운 발견이다. 왜냐하면 내가 관심을 갖지 않고 있던 시가 이제 나에게 가끔 심심할 때 읽어보는 재미있는 것이 되었고, 시를 쓰는 활동을 해보면서 평범한 일상에 의미를 부여하는 습관이 생겨서 평범한 일상도 나에게 소중하게 다가오게 되었기 때문이다.

인터뷰를 하기 전에는 이곳이 그저 학교 앞에 있는 조금 오래된 식당인 줄로만 알았다. 가끔은 맛탕을 한번 먹어볼까 생각하기도 했지만 항상 별생각 없이 지나칠 뿐이었다. 하지만 사장님과의 인터뷰를 통해 왕짱구 식당이 어떤 식당인지 알게 되자 나의 마음도 조금 바뀌었다. 그저 학교 앞에 있는 오래된 식당이 아닌, 37년이란 오랜 시간 속에서 소중한 가치를 품고 있는 우리 동네의 자랑스러운 '왕짱구 식당'으로 말이다.

사실 인터뷰 전에는 '정애쿠키'가 어디에 있는 가게인지도 잘 알지 못했다. 나는 집이 좀 멀어서 중앙중학교에 입학하고 나서야 처음 계동길에 발을 들이게 되었다. 그래서 계동에 있는 가게인 '정애쿠키'라는 이름을 처음 들었을 때 생소한 느낌이 들었다. 친구들이 좋아하는 '아붕(아이스크림 붕어빵)' 근처에 있는 조그마한 쿠키 가게. 정애쿠키는 나에게 인터넷 검색을 하면 알 수 있는 딱 그 정도의 의미일 뿐이었다. 하지만 자료를 조사하고 인터뷰를 하는 과정에서 나의 인식은 바뀌게 되었다. 겉으로는 딱딱해 보여도 들어가면 아기자기하고 분위기 좋은, 세 개의 쿠키가 손님들을 반기는, 2013년부터 지금까지 어머니의 마음으로 쿠키를 만드시는 사장님이 계신 계동길의 따스한 가게. 말로는 다 표현하기 어려울 듯하다. 꼭 한번 '정애쿠키'를 방문해서 친절하고 따뜻한 사장님의 정성을 맛보길 바란다.

삶이 시가 되는 순간들을 포착하고, 시 쓰는 기분을 느껴본 학생들의 이야기가 '우리 동네'의 가치를 이해하고 공감하기 위한 작은 씨앗이 될 수 있기를 기대한다.

수업에 참여한 학생이 쓴 시 한 편과 함께 '시와 함께하는 우리 동네 한 바퀴' 수업 이야기를 마친다.

골동품 (최○○)

나의 하굣길은 책이다
한 장, 한 장, 넘길 때마다
끊임없이 변한다

구멍가게의 간판은 GS25가 되고
봄 냄새가 여름 냄새로
초등학생이 중학생으로

하지만 그곳은
주변이 변해도
세월이 흘러가도

여전하다

한결같은 고소한 향수
'대구참기름'이라고 쓰인
한결같은 간판

변하지 않는다
그래서 나는
그곳이 좋다

너도 소중한 걸 아는 걸까

변하지 않는 모습으로
자꾸만
변해가는 것들을
반겨주네.

시작 노트

점점 변해가는 '나'와 변하지 않는 공간인 '대구참기름집'을 연관 지어 시를 쓰고 싶었다. 또한 내가 알던 그 모습이 아닌, 어느새 낯설게 변해버린 거리에서 꿋꿋이 자리를 지키고 있는 대구참기름집의 모습을 글감으로 선택했다. 변해버린 공간에 아직도 남아 있는 것은 여전히 고소하고 따뜻했던 그 향기, 시간이 지나도 변하지 않는 가득한 정이 아닐까 싶다. 이러한 가치를 시에 담아보고 싶었다.

시를 쓰면서 좋았던 점은 이 기회로 자세히 들여다보지 않았던 하굣길, 계동길을 들여다볼 수 있었고 시를 쓰면서 예전의 그곳을 보는 것 같은 느낌이 들었다는 것이다. 어려웠던 점은 시간이 지날수록 낯설어지고 바뀌었던 점점 변해가는 계동길의 모습들을 시에서 자연스러운 비유 표현들로 바꾸는 게 쉽지 않았다.

내가 살아가는 공간에 대해 생각해 보며 시를 쓰는 경험이 생겨서 재미있었고 기억에도 많이 남았다. 누군가에게 이렇게 추억이 담긴 공간이 있다는 건 정말 행복한 것이 아닐까.

과거와 현재를 잇는 융합수업

정동길 역사 탐방
프로젝트

한얼

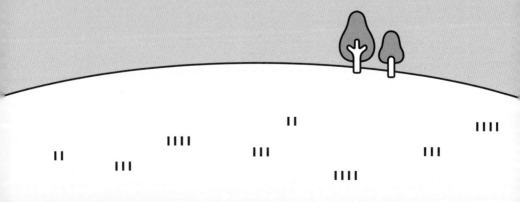

들어가며

창덕여중이 위치한 중구 정동은 덕수궁, 서울시립미술관, 배재학당역사박물관, 정동극장, 이화박물관 등 역사와 문화적인 측면에서 이야깃거리가 넘쳐나는 곳이다. 덕수궁 돌담길 외에도 정동길 곳곳에 위치한 붉은 벽돌의 건물들은 근현대사의 길목에서 각자 저마다의 사연을 담고 있다. 금요일 오후에는 외부 체험활동을 나온 학생들이 몇 명씩 짝을 지어 활동지를 들고 다니며 메모를 하거나 사진을 찍는 모습을 정동길 근처에서 찾아볼 수 있다.

'다른 학교 학생들이 일부러 찾아와 공부하는 정동 주변에 대해 우리 학교 학생들은 얼마나 알고 있을까?'

이미 수년 전부터 학생들의 삶 속에서 배움이 일어나도록 하는 마을 교육과정의 일환으로 마을을 소개하는 책이나 지도를 만들거나 지역의 현안과 관련지어 프로젝트를 진행하는 수업 사례가 많아졌다. 다양한 형태의 수업 속에서, 다른 곳과 별반 다르지 않은 평범한 장소도 학생들 개개인의 삶과 만나면 생동감 넘치는 그럴듯한 이야기로 재탄생하는 모습을 발견할 수 있었다.

'정동길 프로젝트'는 100년 혹은 그보다 훨씬 전에 지어진 건물과 그 공간이 가진 역사적 의미에 더해 '지금, 여기'를 살고 있는 학생들의 이야기를 녹여낸다면 자연스럽게 삶 속에서 배움이 일어날 것이라는 기대감으로 시작하게 되었다.

    2020년을 시작으로 현재까지 창덕여중에서는 매년 조금씩 다른 형태의 정동길 프로젝트를 진행하고 있다. 여기에서는 정동길 프로젝트의 첫 출발이었던 2020년 2학기 '정동길 컬러링북 만들기' 교과 융합수업과 그해의 수업 성찰을 통해 다른 방식으로 진행한 2023년 1학기 '세상을 바꾸는 시간 3분: 과거×상상, 지금 여기의 나' 교과 융합수업을 소개하고자 한다.

하나, 정동길 컬러링북 만들기

수업 개요

2020년은 코로나로 등교를 하지 못하는 상황에서 대부분의 수업이 원격으로 이루어졌다. 애초의 계획은 역사적인 의미가 있는 곳을 학습한 뒤 조사 보고서를 작성하고, 그 장소를 방문하여 인터뷰하거나 그림을 그리는 것이었다. 하지만 등교도 불가능한 상황에서 계획대로 운영하기에는 여러 제약이 있었다. 1학기에 진행하려던 수업을 2학기로 미루고 여러 번 논의를 거친 끝에 최종적으로 '정동길 컬러링북 만들기' 프로젝트 수업을 진행하게 되었다.

20세기 초의 정동길은 조선에서 대한제국, 일제강점기로 이어지던 시기에 대한제국의 명운이 걸려 있는 외교의 각축장이었고, 외국어 학교나 기독교와 성공회 등 다른 나라에서 들어온 학문과 종교가 싹을 틔우며 빠르게 퍼져나가는 공간이었다. 덕수궁을 중심으로 대한제국과 관련된 공간들, 그 주변에 자리 잡은 외국 공사관, 선교사들의 교육 및 종교 활동의 흔적들은 여전히 그 자리에 남아 있다.

교사들은 수업을 설계하면서 정동길 주변을 '대한제국, 외교 타운, 교육과 선교 타운'으로 나누어 총 16개의 건물을 선정했다.

대한제국의 건물들은 덕수궁의 대한문, 석어당(조선), 정관헌, 석조전, 중명전을 비롯하여 환구단과 독립문을 선정했고, 외교 타운의 건물들은 러시아 공사관, 프랑스 공사관, 영국과 미국 공사관, 손탁호텔

터를 선정했다. 그리고 교육과 선교 타운의 건물들은 배재학당, 이화학당, 정동제일교회, 서울성공회대성당, 서울시립미술관(육영공원 터)을 선정했다.

16개의 건물을 정하고 교과별로 수업을 구상했다. 미술 시간에는 '컨투어 드로잉(contour drawing)'이라고 하는 선묘법으로 그림을 그리고, 역사 시간에는 정동길 장소에 대한 역사적 인물을 배우고, 국어 시간에는 역사적 장소에 대해 학습한 내용을 바탕으로 조사 보고서를 쓰는 것을 계획했다.

'정동길 컬러링북 만들기' 교과별 수업 내용

교과	미술	역사	국어
주제	컨투어 드로잉 (선묘법)	역사적 인물과의 가상 인터뷰	역사적 장소에 대한 조사 보고서
학습 내용	투명 OHP 필름을 이용하여 팝아트 기법으로 이미지를 간소하게 표현	모둠별 답사 장소와 관련된 인물을 정해 가상 인터뷰 작성	모둠별 답사 장소에 대한 개별 및 모둠 조사 보고서 작성
성취 기준	2015 교육과정 [9미02-04] 주제의 특징과 표현 의도에 적합한 조형 요소와 원리를 탐색하여 효과적으로 표현할 수 있다.	2009 교육과정 [역9214] 개항 이후 신문물이 수용되는 과정과 배경을 이해하며, 수용의 양상을 교육, 언론, 문예 등을 중심으로 설명할 수 있다.	2015 교육과정 [9국03-04] 관찰, 조사, 실험의 절차와 결과가 드러나는 글을 쓴다.

미술과에서는 위의 성취기준에 따라 정동길 프로젝트 이전에도 학생들에게 한국 미술사와 더불어 정동 일원의 역사 유적을 주제로 다양

하게 가르쳐왔다. 교과 융합으로 진행한 '정동길 컬러링북 만들기' 수업에서는 장소의 소재나 주제에 부합하는 이미지를 시각언어로 표현하는 부분을 담당하는 것을 목표로 삼았고, 단순한 삽화가 아닌 독자가 직접 참여할 수 있는 컬러링북 형태가 될 수 있도록 세련된 컨투어 드로잉을 지도했다.

역사과는 2020년 당시 '2009 개정 교육과정'이 적용되던 시기로, 성취기준은 '개항 이후 신문물이 수용되는 과정과 배경을 이해하며, 수용의 양상을 교육, 언론, 문예 등을 중심으로 설명할 수 있다.'였다. 이 프로젝트 수업을 진행하면서 역사과와 국어과는 코티칭 형식으로 수업을 진행한 적이 많았다. 역사 시간에 배운 내용을 바탕으로 국어 시간에 조사 보고서를 쓰는 형식으로 진행하다 보니 두 교과를 하나의 수업처럼 진행하게 되었다. 학생들이 정상적으로 등교하는 상황이었다면 코티칭으로 수업을 진행하는 것이 물리적으로 불가능했을 텐데, 원격수업으로 진행했기 때문에 가능했다. 역사과에서는 정동길과 관련한 역사적 인물과의 가상 인터뷰 외에도 학생들이 조선 후기, 대한제국과 개화기 문화에 대해 학습한 내용을 SNS 형태의 비주얼씽킹으로 표현하여 발표하는 활동도 진행했다.

국어과는 조사 보고서를 쓰는 활동 외에도 '한 학기 한 권 읽기'와 연계하여 개화기의 정동을 배경으로 한 소설 《미스 손탁》을 읽었다. 역사적 상상력을 바탕으로 한 이 소설을 읽으면서 학생들은 정동길에 대한 배경지식을 쌓을 수 있었고, 이를 바탕으로 정동길 주변에 대한 모둠별 조사 보고서를 작성하는 활동을 진행했다.

국어과 수업

국어 수업은 총 16차시로 계획했으며 약 4~5주에 걸쳐 진행했다.

단계		차시	수업 내용
전	준비	1차시	정동길 프로젝트, 왜 해야 할까?
중	1단계	2~6차시	소설 《미스 손탁》 읽기 전·중·후 활동
	2단계	7~8차시	쓰기 윤리 이해하기
	3단계	9~12차시	개별 보고서 작성하기
	4단계	13차시	모둠 보고서 편집하기
	5단계	14~15차시	다른 모둠 피드백 및 고쳐쓰기
후	정리	16차시	수업에 대해 평가하고 소감 나누기

1차시에는 정동길 프로젝트를 시작한 이유, 수업에 대한 목적 등을 안내했다. 원격수업 상황이라 국어, 역사, 미술 교사가 모두 참석하여 각 과목에서 어떤 수업이 이루어지는지 설명할 수 있었다. 또한 교사들이 영상을 제작하여 정동이라는 공간 및 프로젝트의 목적을 안내했다.

원격수업 코티칭 모습

프로젝트 소개 영상

2~6차시는 개화기 시대의 정동을 배경으로 한 소설《미스 손탁》을 읽었다. 학생들은 각자의 속도에 맞춰 소설을 읽으며 읽기 전·중·후 활동을 기록했다. 7~8차시는 쓰기 윤리에 대해 학습하고 형성평가를 진행했다. 지적재산권이나 출처를 밝히는 법 등도 알려주었다.

9~12차시는 모둠 장소에서 자신이 맡은 주제에 대한 개별 보고서 쓰기를 진행했다. 우선 개별 보고서를 쓰기 위해 자료 수집 및 개요 쓰기를 했고, 이를 바탕으로 총 네 문단으로 된 개별 보고서를 작성했다. 13차시에는 각자 작성한 개별 보고서를 하나로 모아 모둠 보고서로 편집했다. 보고서 쓰기와 교사의 피드백이 함께 이루어지며 고쳐쓰기까지 이어졌다.

14~15차시는 다른 모둠에서 쓴 보고서를 읽으며 잘된 점과 부족한 점 그리고 이를 보완하기 위한 대안을 제시하는 활동을 했다. 16차시는 최종 완성된 글을 공유하며 정동길 프로젝트에 대한 소감 및 성찰을 나누는 시간을 가졌다.

[1단계] 지역과 연계한 '한 학기 한 권 읽기'

2020학년도 2학기 '한 학기 한 권 읽기'와 관련된 교육과정의 성취기준 내용은 아래와 같다.

	성취기준
2015 교육과정	[9국02-01] 읽기는 글에 나타난 정보와 독자의 배경지식을 활용하여 문제를 해결하는 과정임을 이해하고 글을 읽는다. [9국02-09] 자신의 읽기 과정을 점검하고 효과적으로 조정하며 읽는다. [9국05-06] 과거의 삶이 반영된 작품을 오늘날의 삶에 비추어 감상한다.

2022 교육과정	[9국02-01] 읽기는 사회·문화적 맥락에서 의미를 구성하는 과정임을 이해하며 사회적 독서에 참여하고 사회적 독서 문화 형성에 기여한다. [9국02-08] 자신의 독서 상황과 수준에 맞는 글을 선정하고 읽기 과정을 점검·조정하며 읽는다. [9국05-05] 작품에 반영된 사회·문화적 상황을 이해하며 작품을 감상한다.

정명섭 작가의 소설《미스 손탁》은 정동길을 배경으로 한 역사·추리소설이다. 현재 이화여고가 있는 자리에 1902년 문을 연 서구식 호텔인 손탁호텔을 비롯해서 러시아 공사관, 법어(프랑스)학교, 덕수궁, 이화학당 등 여전히 그 자리를 지키고 있는 실재했던 장소들을 배경으로 하고 있다.

창덕여중에 근무하는 국어 교사들은 2020년부터 청소년 책 소개 유튜브 채널(부글부글)을 운영하고 있는데,《미스 손탁》은 이 채널에서 네 번째로 소개된 책이다. 이 채널에서 교사들은 학생들이 재밌게 읽을 만한 다양한 청소년 도서를 소개하는데,《미스 손탁》소개 영상은 3학년 학생들이 진행할 '정동길 컬러링북 만들기' 프로젝트 수업에 맞춰 업로드했다.

부글부글_메인 화면   부글부글_미스 손탁

소설 읽기와 관련한 활동은 총 5차시로 진행했으며, 읽기 전·중·후 활동을 패들렛에 기록하게 했다. 읽기 전 활동은 제목, 작가, 배경지식을 통해 검색한 내용을 적는 것이고, 읽는 중 활동은 '매 차시 읽은 부분의 중심 내용을 요약하고 모르는 단어 찾아보기, 이어질 내용 예측하기, 새롭게 알게 된 내용이나 의문점 정리하기'였다. 읽은 후 활동은 '소설에 반영된 당시의 사회·문화적 상황 파악하기, 당시의 사회·문화적 상황을 오늘날과 비교해서 생각해 보기, 읽기 전에 예측했던 내용과 읽은 후에 알게 된 내용을 비교하기' 등이었다.

학생 패들렛 활동

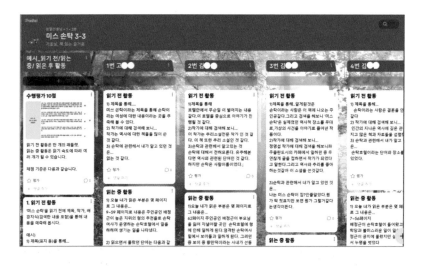

[2단계] 쓰기 윤리 지식 이해 학습

2단계(7~8차시)인 쓰기 윤리에 대한 지식을 이해하는 학습부터 3~5단계(9~15차시)에 해당하는 개별 보고서 작성하기, 모둠 보고서 편집하기, 다른 모둠 피드백 및 고쳐쓰기는 모두 조사 보고서 쓰기의 일환으로 진행되었다.

이 조사 보고서 쓰기와 관련된 평가 및 성취기준의 내용은 아래와 같다.

평가 단원	한 학기 한 권 읽기 (1. 문제 해결 과정으로서의 글 읽기)	평가 방법	포트폴리오
평가 시기	등교 수업, 9~10월	평가 반영 비율	15점(서논술형: 5점)

성취기준	
2015 교육과정	[9국03-01] 쓰기는 주제, 목적, 독자, 매체 등을 고려한 문제 해결 과정임을 이해하고 글을 쓴다. [9국03-03] 관찰, 조사, 실험의 절차와 결과가 드러나는 글을 쓴다. [9국03-10] 쓰기 윤리를 지키며 글을 쓰는 태도를 지닌다.
2022 교육과정	[9국03-02] 복수의 자료를 활용하여 다양한 형식으로 정보를 전달하는 글을 쓴다. [9국03-08] 쓰기 과정과 전략을 점검·조정하며 글을 쓰고, 독자를 고려하여 글을 고쳐 쓴다. [9국03-09] 언어 공동체의 구성원인 필자로서 자신에 대해 성찰하며, 윤리적 소통 문화를 형성하는 데에 기여한다.

쓰기 윤리에 대한 지식 이해 학습은 총 2차시로 진행했다. 1차시에는 저작권의 개념, 분류, 보호하는 까닭, 종류 등을 비롯하여 출처를 밝히는 방법 등에 대해 학습하고 이를 공유 슬라이드를 통해 정리한다. 2차시에는 쓰기 윤리에 대해 학습한 내용에 대한 서술형 평가를 실시했다.

평가 요소	평가 기준	배점	만점
쓰기 윤리의 개념 및 방법, 저작권 이해	쓰기 윤리의 개념 및 쓰기 윤리의 방법, 저작권에 대해 이해하고 있다.	5	5
	쓰기 윤리의 개념 및 쓰기 윤리를 지키는 방법을 알고 있다.	4	
	쓰기 윤리의 개념에 대해 알고 있다.	3	

1. 쓰기 윤리란 무엇인지 설명해 봅시다.

2. 쓰기 윤리를 지키기 위해서는 어떻게 해야 하는지 설명해 봅시다.

[3단계] 개별 보고서 작성하기

모둠 보고서는 각 개별 보고서를 합하여 하나의 보고서를 만드는 방식으로 진행했다. 학생들이 개별 보고서 및 모둠 보고서를 쓰기 위해서는 공간에 대한 학습이 필요하다. 정동길 프로젝트를 시작하면서 학교 근처의 공간을 찾아가서 두 눈으로 직접 보고 분위기를 느껴보는 활동이 가장 중요하다고 생각했는데, 원격수업 상황에서는 직접 방문하는 것이 불가능했다. 어쩔 수 없이 역사 교사와 국어 교사가 각 장소를 다니며 안내 영상을 찍었다.

역사 교사는 대본을 작성하고 영상에 직접 등장하여 설명했으며, 국어 교사가 영상 촬영 및 편집을 담당했다. 각 영상은 4분 내외로 제작했고, 16개의 장소에 대한 설명과 정동길 프로젝트에 대한 소개까지 총 17개의 영상을 만들었다.

'중명전' 설명 영상

'육영공원' 설명 영상

국어, 역사, 미술 교사들은 학생들이 개별 보고서를 쓰면서 담당할 주제를 정하기 위해 협의를 거쳐 각 모둠별 공간에 대한 내용을 '건물, 공간, 사건, 인물, 기타' 등으로 나눠서 각 공간마다 네 가지씩 선정했다.

예를 들어, 손탁호텔의 경우 '공간, 건물, 인물, 기타'로 나눴는데, '공간'은 손탁호텔의 쓰임(사교 장소나 항일운동, 친일파의 모임 등 당시에 사용된 내용), '건물'은 손탁호텔의 건축 양식과 호텔로 쓰이다가 현재 이 화여고 주차장에 터만 남게 된 과정, '인물'은 손탁 여사, '기타' 내용으로는 소설 《미스 손탁》에 대한 소개로 구성했다. 러시아 공사관은 '건물, 사건, 인물, 기타'로 나눴는데, '건물'은 러시아 공사관의 건축적 특징, '사건'은 아관파천, '인물'은 베베르 공사, '기타'로는 현재 조성된 '고종의 길'에 대한 소개로 구성했다. 성공회대성당의 경우 '공간, 건물, 사건, 현재'로 나눠 '공간'은 성공회라는 종교가 우리나라에 들어온 과정, '건물'은 건축 양식이나 역사, '사건'은 6월 민주 항쟁, '현재'는 오늘날 성공회대성당의 문화 공간으로서의 역할로 구성했다.

학생들은 각 모둠의 영역 네 가지 중 하나를 맡아 개별 보고서를 작성하기 위해 개요를 먼저 작성했다. 개별 보고서는 총 4개의 문단으로 작성하도록 했다. 1문단에서는 자신이 속한 모둠에서 맡은 장소를 소개하고, 덕수궁길 또는 정동길을 중심으로 위치를 안내한다. 2문단은 모둠 조사 장소에서 자신이 맡은 영역에 대해 설명하고, 3문단은 자신이 맡은 부분을 조사하면서 느낀 점을 적는다. 이때 이미 알고 있던 내용, 새롭게 알게 된 내용, 더 알고 싶은 부분, 전체적인 느낌 등을 정리하도록 했다. 4문단은 정리 문단으로, 1~3문단의 내용을 요약하고 추가로 조사할 내용을 적도록 했다.

자료 수집 및 개요 쓰기 안내

1. 조사 보고서의 자료 수집 및 개요 쓰기의 성취기준은 다음과 같습니다.

목적, 주제, 독자를 고려하여 수집한 내용을 출처를 밝히며 정리하고, 문단별로 짜임새 있게 구조화하여 개요를 작성할 수 있다.

2. 개요는 다음과 같이 적습니다.
(1) 이 조사 보고서의 목적은 무엇인가요?
　(예) 정동길을 안내하는 컬러링북을 제작하기 위해 조사 보고서를 쓰는 것입니다.
(2) 우리 모둠이 맡은 장소는 어딘가요?
(3) 이 조사 보고서의 독자는 누구일 것 같습니까?
(4) 개요 및 자료 수집
　– 각 문단은 5문장 내외로 작성하고, 2문단은 내용이 많을 테니 문장의 수에 제한 없이 작성하면 됩니다.
　– 다음 표에 해당 내용을 작성하면 됩니다.

문단	들어갈 내용	내용(구체적으로 개조식 작성)	자료 출처	추가 자료 (직접 찍을 수 있는 사진)
1 문단				
2 문단				
3 문단				
4 문단				

개별 보고서 쓰기 안내

1. 조사 보고서 쓰기의 성취기준은 다음과 같습니다.

목적, 주제, 독자를 고려하고, 개요를 바탕으로 짜임새 있는 보고서를 쓰기 윤리를 지키며 작성할 수 있다.

2. 여러분은 총 4개의 문단으로 된 개별 보고서를 작성할 예정입니다. 문단의 구성은 다음과 같습니다. (이 보고서는 각자 작성하는 개별 보고서입니다.)

- 1문단: 내가 속한 모둠에서 조사하기로 한 장소 소개 및 위치 안내. 위치는 덕수궁길 또는 정동길 중심으로 설명. (예) 우리 모둠에서 맡은 장소인 '손탁호텔'에 대한 위치 설명
- 2문단: 모둠 조사 장소에서 내가 맡은 영역에 대한 설명. (예) 손탁호텔 중에서 인물 부분인 '손탁 여사'에 대한 조사
- 3문단: 내가 맡은 부분에 대해 조사를 하면서 느낀 점. (예) 이미 알고 있던 내용, 새롭게 알게 된 내용, 더 알고 싶은 부분, 전체적인 느낌 등
- 4문단: 1~3문단 요약·정리, 추가로 조사할 내용

신뢰성 있는 자료를 찾는 과정은 조사 보고서를 쓰면서 가장 많은 시간을 할애한 부분이었다. 학생들이 글을 쓸 때 인터넷에서 자료를 찾게 되는데, 출처가 불분명하거나 내용이 정확하지 않은 자료를 그대로 가져와서 글을 쓰는 일이 많기 때문에 수집한 자료에 대한 신뢰성 검증 과정을 자기평가 방식으로 하도록 했다. 처음에는 이 과정을 체크리스트를 통해서 스스로 점검하게 했는데, 자신이 찾은 자료의 실제 신뢰성과 상관없이 모두 신뢰성이 있다고 체크하는 학생이 많았다. 그래서 자료의 종류에 따라 점검할 수 있는 질문을 달리하고 학생들이 자기평가를 통해 자료를 검증할 수 있는 방법을 고민한 끝에, 설문 양식을 활용하여 클릭하면서 자료의 신뢰성을 검증하게 했다. 그랬더니 학생들의 자료 검증 과정이 한층 더 정밀해졌다.

　개별 보고서 쓰기는 총 4차시로 진행했다. 1차시에는 개요 쓰기, 2차시에는 1차시에 제출한 개요에 대한 피드백을 보면서 수정하는 활동을 했다. 3차시에는 개별 보고서를 작성하고, 4차시에는 3차시에 제출한 보고서에 대한 피드백을 보면서 수정하는 활동을 이어갔다. 매시간 피드백을 통해서 진행된 셈이다.

[4단계] 모둠 보고서 편집하기

모둠 보고서 편집하기는 1차시로 진행했다. 모둠 보고서를 새로 쓰는 것이 아니라 4명의 개별 보고서를 편집하는 과정이었는데, 각 개별 보고서의 2문단(자신이 맡은 영역에 대한 설명)과 3문단(조사하면서 느낀 점)을 합쳐 모둠 보고서를 완성했다.

　모둠 보고서는 총 6개의 문단으로 구성했다. 1문단에는 모둠이 소개할 장소에 대한 위치, 소개할 내용 등을 작성한다. 2~5문단은 각 장소에 대한 4가지 영역의 내용을 적는다. 손탁호텔 모둠은 2문단에 '인물'인 손탁 여사, 3문단에 '공간'인 손탁호텔의 쓰임, 4문단에 '건물'에 해당하는 손탁호텔의 건축 양식과 호텔로 쓰이다가 현재 이화여고 주차장에 표지석만 남게 된 과정, 5문단에 '기타' 내용으로 소설《미스 손탁》에 대한 소개를 작성하게 했다. 마지막 6문단은 이 장소에 대한 보고서를 쓰면서 느낀 점, 이 장소를 방문할 독자들에게 당부하고 싶은 점 등을 적게 했다.

크게 6개의 문단으로 구성하도록 했지만, 중간이 8~10개의 문단으로 구성되었기 때문에 대부분의 모둠이 A4 용지 두 쪽 분량의 긴 모둠 보고서를 완성했다.

모둠 보고서 쓰기 안내

* **모둠별 조사 보고서 쓰기 및 고쳐쓰기의 채점 기준은 다음과 같습니다.** (아래의 채점 기준은 고쳐쓰기까지 한 내용에 대한 평가이기 때문에 오늘은 우선 작성하고, 다음 시간에 동료 피드백을 한 뒤 최종 제출한 보고서로 채점할 것입니다.)

활동 내용	평가 기준	배점	만점
조사 보고서 쓰기, 고쳐쓰기 (모둠 활동)	모둠의 조사 장소에 맞게 목적, 주제를 고려하여 참고 문헌을 인용하고, 짜임새 있는 보고서를 피드백을 반영하여 작성할 수 있다.	5	5
	모둠의 조사 장소에 맞게 목적, 주제를 고려하여 참고 문헌을 인용하여 보고서를 작성할 수 있다.	4	
	모둠의 조사 장소에 맞게 목적, 주제를 고려하여 보고서를 작성할 수 있다.	3	

* 쓰기 윤리를 갖추어 조사 보고서 쓰기

	문단 구성	작성 팁
1문단	모둠이 소개할 장소에 대한 위치, 소개할 내용에 대한 간략한 안내 등	각자의 보고서에서 1문단의 내용을 종합하여 정리하면 됩니다.
2문단	소주제 1: 손탁 여사	• 이 부분은 각자 보고서의 2~4문단의 내용을 겹치지 않게 정리합니다.
3문단	소주제 2: 손탁호텔의 쓰임	• 2~5문단은 편의상 나눈 것으로, 더 늘어날 수 있습니다. 소주제 1이 2~3개의 문단이 되기 때문에 실제 글은 8~10개의 문단으로 구성될 것입니다.
4문단	소주제 3: 손탁호텔의 건축	
5문단	소주제 4: 《미스 손탁》 소개	
6문단	정리(이 장소에 대한 보고서를 쓰면서 느낀 점, 독자들에게 당부하고 싶은 점 등)	각자 보고서의 마지막 문단 내용을 종합하여 정리하면 됩니다.

[5단계] 다른 모둠 피드백 및 고쳐쓰기

다른 모둠 피드백 및 고쳐쓰기는 2차시로 구성했다. 1차시에는 다른 모둠의 조사 보고서를 피드백하는 활동을 하고, 2차시에는 다른 모둠이 피드백한 내용을 반영하여 자기 모둠의 보고서를 고쳐 쓰는 활동으로 진행했다.

친구들의 글을 많이 읽다 보면 자신이 쓴 글에서 개선할 점도 보이고 무엇을 고쳐야 할지도 고민할 수 있기 때문에, 자신이 쓴 글을 고치기 전에 다른 모둠의 글을 읽어보고 피드백하는 활동을 할 수 있도록 설계한 것이다.

다른 모둠의 조사 보고서를 읽고 피드백할 때 생각해 볼 기준으로 제시한 내용은 다음과 같다.

- 장소에 대해 소주제별로 들어가야 할 내용은 모두 담겨 있는가?
- 장소에 대한 정보가 충분한 설명되어 있는가?
- 보고서는 중학교 3학년이 읽기에 이해하기 쉽게 쓰여 있는가?
- 문단 및 문장 간 연결은 자연스러운가?
- 그 밖에 추가하거나 수정해야 할 내용은 없는가?

또한 학생들이 다른 모둠의 글을 피드백할 때 문제가 되는 부분과 어떻게 고쳐야 하는지 대안까지 적게 해서, 모둠원들이 피드백을 보고 고쳐 쓰는 데 도움이 되도록 했다.

피드백 평가 기준

활동 내용	평가 기준	배점	만점
다른 모둠 글 읽고 피드백하기	다른 모둠의 글을 읽고 개선해야 할 부분을 찾고, 이에 대한 대안을 제시할 수 있다.	5	5
	다른 모둠의 글을 읽고 느낀 점 및 개선해야 할 부분을 찾을 수 있다.	4	
	다른 모둠의 글을 읽고 느낀 점을 적을 수 있다.	3	

조사 보고서 읽고 피드백하기 (예시)

문제가 되는 부분(구체적)	문제점	대안
중간중간 사건이 들어갔다	중간중간 사건이 길게 들어가서 사건이라는 것이 아예 따로 소주제로 분리되어 있는 느낌보다는 그저 다른 것들을 설명할 때 조금 더 보태 쓰는 용도로 보인다.	다른 것들을 설명할 때 사건을 토대로 설명하는 경우, 짧게 쓰길 바란다. 또는 사건을 앞에 넣고 '앞에서 말했듯' 이런 문구를 넣어 사건이 소주제로 분류되어 있음을 강조했으면 좋겠다.

6문단에서 7문단으로 넘어가는 부분	6문단까지는 환구단이 가지고 있는 의미를 얘기하다가 7문단에서 환구단과 관련된 건축물에 대해서 설명하는데, 주제가 갑자기 넘어가 버리는 느낌이 든다.	7문단에서 '이렇듯 역사적으로 중요한 의미가 있는 환구단은 건축적으로도 의미가 있는데'라거나 '환구단은 건축적으로 많은 의미가 있다.'처럼 주제가 넘어갈 때 매끄럽게 이어지는 문장을 넣어주면 좋을 것 같다.

마지막 16차시에는 최종 완성된 조사 보고서를 공유하면서 '정동길 컬러링북 만들기' 프로젝트를 하고 난 소감을 쓰고 성찰하는 시간을 가졌다.

환구단에 대해 평소 아는 바가 거의 없었다. 주변에 이렇게 역사가 깊은 곳들이 있었는데 아무렇지 않게 지나쳤던 것 같다. (중략) 자료를 찾을 때 힘들기도 했지만, 친구들과 같이 환구단에 대해 알아보며 내가 몰랐던 역사적 가치가 있는 곳을 알게 된 것 같아 기뻤다. 환구단의 터를 지나가거나 보게 되면, 보고서를 쓸 때가 떠올라 내용도 함께 생각나게 될 것 같다. ('환구단 모둠'의 소감)

처음 자료 조사할 때 생각보다 덕수궁 석조전이 자료가 많이 없다는 것에 어려움을 느꼈다. 또한 인물 개요를 짤 때 이 프로젝트가 쉽게 끝날 것 같았지만, 예상외로 엄청 오래 걸려서 힘들었다. 하지만 모둠원과 상의하며 모르는 부분을 물어보는 활동은 재미있었다. (중략) 생각보다 결과가 좋게 나와서 너무 뿌듯했다. 자료 조사를 하면서 석조전에 담긴 우리나라의 아픔을 더 잘 알 수 있게 되었다. ('석조전 모둠'의 소감)

234

학생들의 활동 결과물

정동길 화첩 표지 앞면

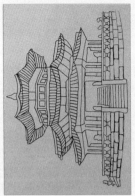

환구단 컬러링 부분

환구단 조사 보고서 첫 부분

환구단 가상 인터뷰 첫 부분

환구단 참고 자료

정동길 화첩 표지 뒷면

	성취기준
2009 교육과정	[역9214] 개항 이후, 신문물이 수용되는 과정과 배경을 이해하며, 수용의 양상을 교육, 언론, 문예 등을 중심으로 설명할 수 있다.
2015 교육과정	[9역12-01] 국민 국가를 건설하려는 다양한 노력들을 살펴보고, 그 결과 대한 민국 정부가 수립되었음을 이해한다. [9역12-03] 우리나라 민주주의 발전 과정을 이해한다.
2022 교육과정	[9역13-01] 개항 이후 근대 국가를 건설하기 위한 노력을 파악한다. [9역13-02] 국권 피탈 이후 전개된 민족 운동을 세계사적 관점에서 이해한다. [9역13-03] 한국의 민주화 과정에서 나타난 성과와 과제를 탐구한다.

(1) 수업 전개 과정

역사과는 조별로 답사를 하고 인물 인터뷰를 작성하려고 계획했지만, 코로나로 인해 교사들이 답사 장소를 방문하여 영상을 찍고, 학생들은 온라인으로 영상을 보게 되는 일명 '랜선 답사'를 하게 되었다. 수업이 대부분 원격으로 진행되다 보니 온라인상의 모둠 활동을 고민한 결과, 모둠별 채팅방을 개설하여 활용하게 되었다.

　1학기 말에 조선 후기와 대한제국 수립에 대한 수업을 진행했고, 2학기가 시작되면서 개화기 문화에 관해 수업한 내용을 '歷스타그램' 활동지에 SNS처럼 표현하도록 했다. 그리고 모둠별로 관련된 인물에 대한 가상 인터뷰를 진행하도록 했다. 가상 인터뷰 과정은 '질문 작성하기, 질문에 대한 대답 작성해 보기, 모둠원들에 대한 인터뷰 내용을 피드백하기, 최종 인터뷰 작성하기'의 순서로 이루어졌다.

활동 방법 및 순서	1. 모둠별 장소와 관련된 근대 문물과 사회·문화 변화 2가지 골라 이미지 또는 사진을 인스타 게시물처럼 표현 2. 이미지(사진)의 의미를 설명하기 – 역사적 용어 2개 이상, 모둠별 답사 장소와 연관 시 플러스 점수 3. 조건: 프사, 아이디, 해시태그(5개 이상) 쓰기, 모둠 친구들에게 댓글 쓰기 (3개)
평가 기준	• 역사적 사실, 시대 배경에 맞는가? • 프사, 아이디, 사진, 설명을 잘 채우고, 창의적인가? • 댓글을 성실하게 작성했는가?

(2) 평가 및 피드백

인터뷰 글 작성을 위한 사전 배경지식을 'SNS 작성'이라는 형태로 평가했다. 인터뷰 글 작성에 대한 평가는 매시간 하지 않았지만, 글을 작성하기 위한 작업을 단계별로 실시했다. 매시간 교사와 모둠 친구들의 피드백을 통해 보다 나은 결과물이 나오게 되었다. 최종 결과물에 대한 평가를 진행했으며, 피드백을 통해 추가로 수정할 기회도 제공했다.

미술과 수업 – 컨투어 드로잉: 선묘법

	성취기준
2015 교육과정	[9미02-04] 주제의 특징과 표현 의도에 적합한 조형 요소와 원리를 탐색하여 효과적으로 표현할 수 있다.
2022 교육과정	[9미02-03] 조형 요소와 원리, 표현 재료와 방법, 디지털 매체를 포함한 다양한 매체를 활용하여 주제를 효과적으로 표현할 수 있다.

(1) 수업 전개 과정

미술 시간에는 정동길 프로젝트 이전부터 미술사 영역에서 지폐 속 한국 미술사와 더불어 정동 일원의 문화 유적을 가르쳐왔다. 특히 덕수궁의 경우 조정(朝政)이나 월대(月臺), 석어당을 비롯하여 각 전각의 건축 양식 등을 규모와 지붕 형태로 살펴보았으며, 그것을 직접 선묘법으로 그리도록 지도했다. 그래야 자세히 보게 되고 오래 기억에 남기 때문이다.

선묘법으로 그린 석어당과 중명전

석어당

중명전

정동길 프로젝트를 진행하기로 하면서 미술과에서는 가장 핵심이 되는 소재나 주제에 부합하는 이미지에 착안하여 시각언어로 표현하는 일을 담당하기로 했다. 하지만 코로나로 인해 처음의 계획이 바뀌게 되었고, 최종적으로 컬러링북 형태의 책을 만들기로 결정했다. 컬러링북은 단순한 삽화가 아니라 독자가 직접 참여할 수 있는 형태이니만큼 학생들에게 세련된 컨투어 드로잉을 지도하기 위해 노력했다.

처음에는 답사를 겸하여 직접 정동 일원을 거닐며 사진도 촬영하고 과거의 모습과 현재의 모습을 나란히 선묘법으로 그릴 생각이었다.

하지만 원격수업 상황에서 답사가 불가능했기 때문에 1900년대 사진 자료에 국한하여 이미지를 선별할 수밖에 없었다. 역사성을 고려하여 대부분 구한말 촬영된 유리건판 사진들과 1920년대 사진을 준비했다. 현재는 볼 수 없는 1900년대 정동 일원의 모습부터 경운궁(덕수궁)의 주요 전각 사진, 외국 공사관 건물들이 과거 정동의 모습을 그대로 보여줄 수 있을 것이라 생각했다. 과거 정동의 원형을 찾아 그려보는 것에 집중하고자 했으며, 이를 위해서는 이미지에 대한 이해가 필수였다. '무엇을, 왜, 어떻게' 그려야 할지에 대한 답을 찾는 것이 이 수업의 시작이자 목표였다.

(2) 평가 및 피드백

사진 위에 OHP 필름을 대고 그리는 선묘법은 쉬워 보이지만 직접 해보면 생각만큼 쉽지 않다. 정교한 마무리를 위해서는 여러 차례 연습이 필요하다는 것을 알게 된다. 학생들은 처음에는 만만하게 생각하고 시작했다가 외곽선만으로 대상을 구현하는 것이 만만치 않다는 것을 경험하게 되면서, 사전에 지급한 OHP 필름이 모자라 더 요구하는 경우가 많았다.

치밀함과 철저한 계획을 갖고 그려야 하기 때문에 평가 영역에서 '정교성'은 무엇보다 중요한 항목이었다. 또한 '화면 구성력'도 함께 강조했다. 최소한의 선만을 이용하여 대상을 효과적으로 나타내기 위해서는 그만큼 신중해야 하고, 불필요한 것을 생략하는 것도 무척 중요했다. 추후 팝아트 기법으로 이미지를 구현할 때도 '정교성'과 '화면 구성력'은 마찬가지로 적용된다고 안내했다.

경운궁 대화재

명암을 오직 곧은 선만으로 넣을 수 있다는 것이 신기했고, 처음에는 조금 어려웠다. 하지만 그림을 그리며 중간에 흰 종이를 끼워 넣어 내가 그린 것을 확인할 때마다 기분이 좋았다. 그림의 배경이자 역사적 사건인 '경운궁 대화재'에 대해서도 찾아보았다. 경운궁 대화재는 1904년 사고로 경운궁에 화재가 나 인명 피해가 일어나고 우리나라 문화유산들이 불타 없어진 사건이었다. 화재의 사진을 처음 보았을 때는 쓸쓸하고 음산한 느낌이 들었다. 이것을 그림으로 그리다 보니 더 극적으로 느껴지기도 했다. 화재로 목숨을 잃은 사람들과 사라진 소중한 문화재를 생각하니 슬펐다. 이 수업을 통해 새로운 방식으로 느낌 있고 멋진 그림을 완성할 수 있다는 것과 그림의 배경에 대해 역사적 사실을 알게 된 것이 의미 있었다. (손○○ 학생)

이번 미술 활동을 하며 오로지 미술 분야뿐만이 아니라 여러 방면으로 많은 것을 배우고 느낀 것 같다. (중략) 단순히 그림을 한두 번 훑는 것이 아니라 하나하나 보면서 그리는 것이어서 더 자세히 볼 수 있어서 좋았다. 무엇보다 역사적인 현장에 있었던 옛 건물의 외관을 통해 당시 시대를 생각해 볼 수 있다는 것이 기억에 남는다. (이○○ 학생)

돈덕전

둘, 세상을 바꾸는 시간 3분 – 과거×상상, 지금 여기의 나

수업 개요

2020년 처음 시작한 정동길 프로젝트는 과거의 역사적 공간에 지금 여기에 살고 있는 우리의 이야기가 더해져 생동감이 넘치는 나만의 이야기가 만들어지기를 기대하는 마음으로 시작했다. 미술, 역사, 국어 교과가 융합하여 '정동길 컬러링북 만들기' 프로젝트를 기획하고 이를 통해 '정동길 화첩'을 펴내면서 원격수업 상황에서 할 수 있는 최선의 결과라고 생각했다.

> '학교 주변의 역사적 유적에 대해 몰랐던 사실을 새롭게 알게 된 것도 좋지만, 과연 이것으로 지금, 여기에 살고 있는 학생들에게 의미 있는 배움이 일어났다고 할 수 있을까?'

프로젝트 수업이 끝난 뒤 학생들의 소감 및 성찰에는 '몰랐던 사실을 알게 되었다, 앞으로 그곳을 지나갈 때 생각날 것 같다'와 같은 내용이 담겨 있었다. 주변 공간들에 대해 몰랐던 내용을 알게 된 것도 충분히 의미 있는 일이지만, 교사들이 기대했던 것은 역사적인 지식을 습득하는 데에 그치는 것이 아니라 여기에 살고 있는 지금의 나에게 의미 있는 배움이 이루어지는 것이었다. 이 부분이 아쉬움으로 남아 있던 차에 2023년 중학교 3학년을 담당하면서 정동길 프로젝트를 다시 진행하게 되었다.

2023년에는 역사 과목에 '2015 개정 교육과정'이 적용되면서, '2009 개정 교육과정'이 적용되던 시기에 비해 조선 후기에서 대한제국으로 이어지는 개화기 시대의 학습 분량이 대폭 줄어들었다. 상황이 이렇다 보니 역사과에서 그 시기의 역사적 내용에 대해 학습하는 시간, 학생들이 장소를 답사하는 시간 등을 상대적으로 수업 시수가 많은 국어 시간에 확보해야 했다.

새로운 정동길 프로젝트를 준비하면서 가장 중요하게 생각한 것은 학생들이 정동길 주변에 대해 공부한 내용을 지금 우리의 삶과 연관 짓는 것이었다. 그래서 프로젝트 수업의 제목을 '세상을 바꾸는 시간 3분: 과거×상상, 지금 여기의 나'로 지었다.

이 프로젝트의 최종 과제는 '3분 발표하기'다. 제목도 '세상을 바꾸는 시간 15분'이라는 프로그램을 모방하여 '세상을 바꾸는 시간 3분'이라고 붙였다. 발표 주제의 '과거×상상'에서 과거는 정동길의 역사를 뜻하고, 상상은 소설《미스 손탁》을 의미한다. 즉 이 프로젝트는 역사와 소설로 정동길에 대해 학습한 내용을 '지금, 여기'를 살아가는 나와 연결한다는 의미를 갖고 있다. 발표하기라는 큰 축을 국어과에서 담당하고, 내용적인 요소를 역사과에서, 발표하기에 활용할 보조 자료 제작은 미술과에서 담당하기로 했다.

국어 시간의《미스 손탁》분석하기, 자료 검증 및 조직, 보고서 쓰기는 이전에 조사 보고서를 썼던 수업과 동일하게 진행했다. 다만 보고서에 장소와 연관된 인물을 한 명 선정하고 그 인물이 추구하는 가치를 탐구한 내용을 담도록 했다. 그 인물이 추구하는 가치와 관련지어 학생

교과별 수업 내용

	국어	역사	미술
내용	• 소설 《미스 손탁》 분석하기 • 장소 및 인물 탐구 • 자료 검증 및 조직 • 보고서 쓰기 • 발표하기	• 근대 역사 학습 • 연표 학습 • 정동길 주변 공간에 대한 역사적 의미 탐색 • 캘리그래피 문구 작성하기	• 사진 촬영 방법 • 정동길 장소 사진 촬영 • 소품을 활용하여 인물의 특성 표현하기 • 캘리그래피 쓰기

들이 앞으로 어떤 가치를 지향할 것인지에 대해 발표하는 것이 주된 내용이었다.

역사 시간의 근대 역사 학습, 연표 학습, 정동길 주변 공간에 대한 역사적 의미 탐색은 내용적인 요소로 진행했다. 또한 미술 시간에 캘리그래피 문구를 쓰기 위해 역사적 인물과 관련된 문장을 만드는 활동도 역사 시간에 진행했다.

미술 시간에는 사진 촬영에 대해 학습한 후 학생들이 모둠별로 정한 정동길 주변의 공간에 가서 사진을 찍도록 했다. 또한 소품을 활용하여 역사적 인물과 관련한 사진을 촬영했으며, 그 사진 위에 캘리그래피 문구를 작성했다.

국어과에서는 3분 발표하기를 안내하면서, 수행평가 방식으로 제안된 'GRASPS 모형'을 활용했다. 'GRASPS'는 목표(Goal), 역할(Role), 청중(Audience), 상황(Situation), 수행(Performance), 기준(Standards)의 첫 글자를 딴 것으로, '세상을 바꾸는 시간 3분'에 대한 세부 내용은 다음과 같다.

GRASPS 모형에 따른 '3분 발표하기' 세부 내용

목표	'과거×상상, 지금 여기의 나'라는 주제로 정동길 주변의 장소와 인물에 대해 탐구한 내용들을 청중과 소통하여 '나, 우리, 세상'의 변화를 이끌어내는 것이 목표입니다.
역할	당신은 '세상을 바꾸는 시간 3분'이라는 프로그램의 강연 의뢰를 받았습니다. 3~5분 정도의 강연을 위해 청중을 분석하고, 주제에 맞게 내용을 조직하여 텍스트를 생산해야 합니다. 이 내용을 글과 말을 통해 독자 및 청중과 소통해야 합니다.
청중	청중은 '세상을 바꾸는 시간 3분'이라는 프로그램의 방청객으로 참석한 중학교 3학년 학생들입니다.
상황	정동길 주변의 역사적 장소와 관련된 실제 인물 또는 소설 《미스 손탁》 속의 등장인물이 추구하는 가치를 찾아 '지금, 여기'의 나와 연관 지어야 합니다.
수행	당신이 탐구한 내용을 체계적으로 정리한 보고서를 한 편 작성하고, 이를 바탕으로 발표를 해야 합니다. 보고서는 신뢰성 있는 자료를 포함해야 하며, 발표할 때는 보조 자료를 활용해야 합니다.
기준	'소설 《미스 손탁》 분석하기, 보고서 내용 생성 및 조직하기, 보고서 쓰기 및 고쳐쓰기, 보고서를 바탕으로 발표하기, 성찰하기'입니다.

국어 수업은 총 26차시 정도로 계획했으며 7~8주에 걸쳐 진행했다. 발표하기를 위한 '소설 분석하기, 인물 탐구하기, 자료 검증 및 조직하기, 보고서 쓰기'를 국어과에서 진행하고, 역사과에서 '장소 및 인물 탐구하기'의 내용적 요소를 담당하고, 미술과에서 '발표하기'의 보조 자료 제작을 담당했다.

1차시에는 정동길 프로젝트에 대한 소개, 수업에 대한 목적 등을 안내하는 시간을 가졌다. 2~6차시는 소설 《미스 손탁》을 읽고 분석하는 활동으로, 각자의 속도에 맞춰 소설을 읽으며 읽기 전·중·후 활동을 기록했다.

정동길 프로젝트: 과거x상상, 지금 여기의 나

2023 3학년 교과융합(국어, 역사, 미술) 프로젝트 수업

- 05 발표하기
- 04 보고서 쓰기
- 03 자료 검증 및 조직하기
- 02 장소 및 인물 탐구하기 (모둠 활동)
- 01 소설 '미스 손탁' 분석하기

단계		차시	수업 내용
전	준비	1차시	정동길 프로젝트, 왜 해야 할까?
중	1단계	2~6차시	소설 《미스 손탁》 분석하기
	2단계	7~8차시	보고서 및 쓰기 윤리 이해하기
	3단계	9~12차시	장소에 대한 인물 탐구하기 (11~12차시는 역사 수업 진행)
	4단계	13~16차시	탐구 질문 만들기 (12~13차시는 해당 장소 견학)
	5단계	17~18차시	자료 수집, 검증 및 선정
	6단계	19~20차시	보고서 쓰기
	7단계	21~22차시	고쳐쓰기
	8단계	23~25차시	발표하기
후	정리	26차시	수업에 대해 성찰하기

7~8차시는 보고서 및 쓰기 윤리에 대해 학습하고 형성평가를 진행했다. 형성평가는 '퀴즈앤'이라는 소프트웨어를 활용했는데, 모든 문항에 대해 정답을 맞힐 때까지 재도전 기회를 주었다.

9~12차시는 장소 및 인물 탐구하기를 진행했다. 학생들은 모둠별로 정한 장소에 대해 기본적인 조사를 한 뒤 관련 인물들을 탐색했다. 관련 인물은 역사적 인물이나 소설《미스 손탁》에 등장하는 인물 또는 장소와 관련된 실존 인물 등에서 선택하도록 했다. 장소 및 인물을 탐색하기 전 두 차시는 역사 교사가 국어 수업에 함께 들어와서 조선 말부터 대한제국, 일제강점기로 이어지는 개화기 시대에 대한 수업을 진행했다.

13~16차시는 장소와 관련된 인물을 정하고, 그 인물이 추구하는 가치와 관련하여 탐구 질문을 만드는 활동을 했다. 질문 만들기 활동은 2차시로 진행했으며, 나머지 2차시는 모둠별로 정동길을 답사하며 건물 사진을 찍고 해당 공간의 분위기를 느껴보는 시간으로 진행했다.

17~18차시에는 탐구 보고서를 작성하기 위한 자료 수집, 검증 및 선정 과정을 거쳤다. 또한 글쓰기를 위한 간단한 개요도 함께 작성했다. 19~20차시는 탐구 보고서를 쓰면서 장소와 관련된 인물이 추구하는 가치와 관련하여 만든 탐구 질문에 대한 답을 찾아가는 활동을 했다. 탐구 보고서는 총 7문단으로 구성하도록 안내했다. 21~22차시는 다른 친구들이 쓴 탐구 보고서를 피드백한 뒤 자신이 쓴 탐구 보고서를 고쳐 쓰는 활동을 진행했다.

23~25차시는 각자 작성한 탐구 보고서의 내용을 요약하여 발표하는 활동을 했다. 발표를 듣는 학생들은 발표자의 발표를 경청하며

동료평가를 진행했다. 26차시는 자신의 발표하기 영상을 보면서 정동길 프로젝트에 대한 성찰과 전체적인 프로젝트를 마무리하는 시간을 가졌다.

소설 《미스 손탁》 분석하기

《미스 손탁》 분석하기 활동은 '한 한기 한 권 읽기'와 연계하여 진행했다. 교과서에 실린 단편소설 〈수난 이대〉를 먼저 학습한 뒤, 《미스 손탁》을 읽으면서 작품에 반영된 사회·문화적 배경을 파악하는 활동을 했다. 이와 관련된 평가 및 성취기준 내용은 아래와 같다.

평가 단원	과거와 현재의 대화	평가 방법	퀴즈, 포트폴리오
평가 시기	3~4월	평가 반영 비율	25점(논술형: 20점)

	성취기준
2015 교육과정	[9국02-01] 읽기는 글에 나타난 정보와 독자의 배경지식을 활용하여 문제를 해결하는 과정임을 이해하고 글을 읽는다. [9국02-09] 자신의 읽기 과정을 점검하고 효과적으로 조정하며 읽는다. [9국05-05] 작품이 창작된 사회·문화적 배경을 바탕으로 작품을 이해한다. [9국05-06] 과거의 삶이 반영된 작품을 오늘날의 삶에 비추어 감상한다.
2022 교육과정	[9국02-01] 읽기는 사회·문화적 맥락에서 의미를 구성하는 과정임을 이해하며 사회적 독서에 참여하고 사회적 독서 문화 형성에 기여한다. [9국02-08] 자신의 독서 상황과 수준에 맞는 글을 선정하고 읽기 과정을 점검·조정하며 읽는다. [9국05-05] 작품에 반영된 사회·문화적 상황을 이해하며 작품을 감상한다. [9국05-09] 문학을 통해 타자를 이해하고 공동체의 문제에 참여하는 태도를 지닌다.

《미스 손탁》읽기 및 분석하기는 총 5차시로 진행했다. 읽기 전, 읽는 중 활동을 한 뒤에 읽은 후 활동을 통해 인물, 사건, 배경 등 소설 구성 요소에 대해 분석했다.

읽기 전에는 '제목의 의미 찾기, 작가에 대한 정보 탐색하기, 소설 내용에 대한 예측하기' 등의 활동을 했다. 읽는 중에는 '읽은 부분까지의 중심 사건 정리하기, 몰랐던 단어의 의미 찾기, 다음에 이어질 내용 예측하기' 등의 활동을 했다.

읽기 전 활동

1. 제목 '미스 손탁'은 무슨 의미일지 추측하여 적어봅시다. 검색 없이 적은 뒤에 검색하여 그 의미를 찾아 적어봅시다. (이미 읽었다면 처음에 읽기 전의 생각을 떠올리며 적어봅시다.)

2. 정명섭 작가에 대한 정보를 찾아 적어봅시다. (작가가 활동한 시기, 대표작 등)

3. 이 소설은 어떤 내용일 것 같나요? 또한 어떤 내용이면 재미있게 읽을 것 같은지 자신의 생각을 적어봅시다. (이미 읽었다면 다시 읽으면서 어떤 부분에 중점을 두어 읽을 생각인지 적어봅시다.)

읽는 중 활동

1. 내가 오늘 읽은 부분이 어디부터 어디까지인지 페이지를 적어봅시다. (예: 18~66쪽)

2. 내가 오늘 읽은 부분의 중심 사건을 인물, 배경과 관련지어 정리하여 적어봅시다.

3. 몰랐던 단어를 찾아 사전 링크(표준국어대사전 stdict.korean.go.kr)를 통해 단어의 뜻을 적어봅시다. (없을 경우는 적지 않아도 됩니다. 너무 많을 경우에는 2~3개만 추려서 적어봅시다.)

4. 다음 부분에 이어질 내용은 무엇일지 추측하여 적어봅시다.

읽은 후에는 전체적인 줄거리, 인물 관계도, 소설 속 배경이 되는 정동길 주변의 다양한 공간들, 소설에 반영된 사회·문화적 상황 등을 파악했고, 현재적 의미를 고려하여 작품을 감상했다.

읽은 후 활동

1. 《미스 손탁》의 전체적인 줄거리를 정리하여 적어봅시다. (주요 사건을 중심으로 인물과 배경이 드러나도록 작성해 봅시다.)

2. 《미스 손탁》에 나오는 인물들의 관계도를 그려봅시다.

《미스 손탁》에 대한 수행평가는 총 10점으로, 읽기 전과 읽는 중의 읽기 점검에 대한 평가 5점, 읽은 후 활동에 대한 평가 5점으로 구성했다. 프로젝트 전 과정의 수준은 4단계로 평가하는데, 점수에 따른 수준은 '5(우수), 4(양호), 3(도달), 2(미도달)'을 나타낸다. 각 영역 배점의 최하점에 해당하는 2점은 미도달에 해당하는 수준으로 피드백을 통해 재도전 기회를 부여하고, 해당 영역의 학습이 완료되기 전까지 최소한 도달 단계(3점)에는 이를 수 있도록 지도했다.

수행평가 평가 기준

평가 요소	평가 기준	배점	만점
《미스 손탁》 읽기 점검	읽기 전, 읽는 중, 읽은 후 활동을 단계에 따라 필요한 내용을 기록하였으며, 읽은 부분을 도표에 표시하여 자신의 읽기 과정을 점검하였다.	5	5
	읽기 전, 읽는 중 활동을 단계에 따라 필요한 내용을 기록하였으며, 읽은 부분을 도표에 표시하여 자신의 읽기 과정을 점검하려고 노력하였다.	4	
	읽기 전, 읽는 중 활동을 단계에 따라 필요한 내용을 기록하였다.	3	
	읽기 전 활동에 대한 내용을 기록하였다.	2	

평가 요소	평가 기준	배점	만점
《미스 손탁》 읽기	배경지식을 활용하여 작품을 읽을 수 있으며, 주요 사건을 중심으로 줄거리를 정리할 수 있다. 장소와 인물의 관계 및 특징을 파악할 수 있으며, 사회·문화적 배경을 고려하여 작품이 드러내고자 하는 바를 이해할 수 있다.	5	5
	배경지식을 활용하여 작품을 읽을 수 있다. 주요 사건을 중심으로 줄거리를 정리할 수 있고, 장소와 인물의 특징을 파악할 수 있으며, 작품이 드러내고자 하는 바를 이해할 수 있다.	4	
	사건을 중심으로 줄거리를 정리할 수 있고, 장소와 인물의 특징을 파악할 수 있다.	3	
	사건을 중심으로 줄거리를 정리할 수 있다.	2	

보고서 및 쓰기 윤리 이해하기

2단계 '보고서 및 쓰기 윤리 이해하기'부터 8단계 '발표하기'까지는 탐구 보고서 쓰기 및 발표하기에 해당한다.

탐구 보고서 쓰기 및 발표하기와 관련된 평가 및 성취기준 내용은 아래와 같다. 2020년에 진행한 '정동길 컬러링북 만들기' 프로젝트에 발표하기가 추가되면서 듣기·말하기의 성취기준이 추가되었다.

평가 단원	문제 해결 과정으로서의 글 읽기와 글쓰기 쓰기 윤리 지키며 보고서 쓰기 분별력 있는 듣기, 자신감 있는 말하기	평가 방법	퀴즈, 프로젝트
평가 시기	4~6월	평가 반영 비율	45점 (서논술형:30점)

	성취기준
2015 교육과정	[9국03–01] 쓰기는 주제, 목적, 독자, 매체 등을 고려한 문제 해결 과정임을 이해하고 글을 쓴다. [9국03–03] 관찰, 조사, 실험의 절차와 결과가 드러나는 글을 쓴다. [9국03–10] 쓰기 윤리를 지키며 글을 쓰는 태도를 지닌다. [9국01–06] 청중의 관심과 요구를 고려하여 말한다. [9국01–07] 여러 사람 앞에서 말할 때 부딪히는 어려움에 효과적으로 대처한다.
2022 교육과정	[9국03–02] 복수의 자료를 활용하여 다양한 형식으로 정보를 전달하는 글을 쓴다. [9국03–08] 쓰기 과정과 전략을 점검·조정하며 글을 쓰고, 독자를 고려하여 글을 고쳐 쓴다. [9국03–09] 언어 공동체의 구성원인 필자로서 자신에 대해 성찰하며, 윤리적 소통 문화를 형성하는 데에 기여한다. [9국01–06] 다양한 자료를 재구성하여 내용을 체계적으로 조직하고 청중이 이해하기 쉽게 발표한다. [9국01–11] 듣기·말하기 과정을 점검하고 듣기·말하기의 어려움을 효과적으로 조정한다.

보고서 및 쓰기 윤리에 대한 이해 활동은 총 2차시로 진행했다. 1차시는 보고서의 개념과 목적 및 쓰기 윤리와 저작권의 개념 등에 대해 학습했고, 2차시에는 '퀴즈앤'이라는 게임 기반 학습 플랫폼을 활용하여 학습한 내용에 대한 퀴즈를 풀었다. '퀴즈앤'은 단답형, 선택형, 초성 힌트, 순서 완성형 등의 퀴즈 형태를 제공하기 때문에, 학생들은 다양한 유형의 문제를 풀면서 스스로 학습 상태를 점검하고 부족한 부분을 보충할 수 있었다.

'퀴즈앤' 문항 예시

보고서 및 쓰기 윤리에 대한 수행평가의 평가 기준은 다음과 같다. '퀴즈앤'을 활용한 퀴즈 풀기 활동은 오픈북 형태로 진행했으며, 학생들이 모든 문항의 정답을 맞힐 때까지 무제한으로 재도전할 수 있게 했다. 해당 수업 시간에 퀴즈를 다 풀지 못한 학생들은 방과후에 따로 재시험을 볼 수 있도록 했다.

평가 요소	평가 기준	배점	만점
보고서 및 쓰기 윤리	보고서의 개념, 목적, 종류 및 쓰기 윤리, 저작권의 개념을 이해하고 있다. 쓰기 윤리를 지키며 보고서를 쓰는 방법을 알고 있으며 이를 예를 통해 파악할 수 있다.	5	5
	보고서의 개념, 목적, 종류 및 쓰기 윤리, 저작권의 개념을 이해하고 있다. 쓰기 윤리를 지키며 보고서를 쓰는 방법을 알고 있다.	4	
	보고서의 개념, 목적, 종류 및 쓰기 윤리의 개념을 이해하고 있다.	3	
	보고서와 쓰기 윤리의 뜻을 안다.	2	

장소에 대한 인물 탐구하기

장소에 대한 인물 탐구 단계는 총 4차시로 진행했다. 1~2차시는 장소에 대한 역사적 의미에 대해 학습했고, 3~4차시는 장소에 대한 조사 및 인물에 대한 탐구 활동을 진행했다. 역사 과목에서 '2015 개정 교육과정'이 적용되면서 개화기에 대한 성취기준이 대폭 줄어들었기 때문에, 개화기 관련 학습 시간을 국어 시간을 통해서 확보해야 했다. 3년 전에 제작했던 학습 영상을 보기도 하고, 역사 교사가 국어 시간에 들어와 코티칭을 하면서 개화기에 대한 학습을 진행했다.

장소는 '정동길 컬러링북 만들기' 프로젝트를 하면서 정했던 대한제국, 외교 타운, 교육과 선교 타운의 세 가지 범주에서 하위 16개 장소를 동일하게 적용했다.

덕수궁 정관헌
서양풍의 건축 양식에 한국의 전통 건축 양식이 가미된 독특한 형태의 건물

1. 구글 검색으로 해당 장소의 주소를 적어봅시다.

2. 이곳에 대해 이미 알고 있는 내용이 있다면 적어봅시다.

3. 새롭게 찾은 내용을 적어봅시다.

장소와 인물에 대한 탐구는 모둠 활동으로 진행했다. 각 장소마다 겹칠 수밖에 없는 인물들이 있지만, 최소한 모둠 안에서만큼은 인물들이 겹치지 않도록 모둠원들이 협력하여 최대한 많은 인물을 찾도록 했다. 덕수궁의 정관헌을 조사한 모둠의 경우, 당시 대한제국의 황제였던 고종을 비롯하여 정관헌을 설계한 러시아 건축사 사바틴, 정관헌에서 열린 연회와 관련된 손탁 여사 같은 역사적 인물, 스타벅스코리아의 전 대표이면서 정관헌에서 커피 관련 행사를 진행했던 이석구 같은 인물을 선정하기도 했다.

인물 탐구에 대한 수행평가는 5점 만점이었다. 인물에 대한 탐구 과정은 '장소와 관련된 사건 찾기 → 사건과 관련된 인물 탐색하기 → 그 인물의 행동으로 당시 사회에 나타난 변화 알아보기 → 그 인물이 추구하는 가치 파악하기' 순으로 이루어졌다. 모둠 활동에 대해서 정의적 영역 평가도 함께 진행했는데, 평가는 하되 점수를 매기지는 않았다.

모둠 활동을 시작할 때 정의적 영역 평가 기준을 제시하여 모둠 활동을 어떻게 해야 하는지 안내했다. 모둠 활동의 정의적 영역 평가 요소는 갈등과 협력이었으며, 우수 단계에 해당하는 기준은 다른 친구들의 의견을 존중하며 경청하고, 갈등을 조정하여 합의를 이끌어내고, 자신이 맡은 일을 책임감 있게 수행하고, 어려움을 겪는 친구를 도와 참여할 수 있도록 이끄는 것이었다.

모둠별 활동 목표

* 평가 요소 및 기준을 확인하고, 우리 모둠의 목표를 아래 칸에 적어주세요.

평가 요소	평가 기준	평가
갈등 조정, 협력	다른 친구들의 의견을 존중하며 경청할 수 있다. 모둠 활동을 수행하면서 일어나는 갈등을 조정하여 협의를 이끌어낼 수 있다. 자신이 맡은 일을 책임감 있게 수행할 수 있으며, 어려움을 겪는 친구를 도와 참여하게 이끌 수 있다.	우수
	다른 친구들의 의견을 존중하며 경청할 수 있다. 모둠 활동을 수행하면서 일어나는 갈등을 조정할 수 있다. 자신이 맡은 일을 책임감 있게 수행할 수 있다.	양호
	다른 친구들의 의견을 존중하며 경청할 수 있다. 자신이 맡은 일을 책임감 있게 수행하였다.	도달
	자신이 맡은 일을 책임감 있게 수행하는 것이 미흡하다.	미도달

평가 요소	평가 기준	배점	만점
인물 탐색	모둠에서 정한 정동길 주변의 장소에 대한 자료 조사를 통해 역사적 사건과 관련된 인물을 찾을 수 있다. 그 인물의 행동으로 인해 당시 사회에 어떤 변화가 일어났는지 파악할 수 있다. 이를 통해 해당 인물이 추구하는 가치를 찾을 수 있다.	5	5
	모둠에서 정한 정동길 주변의 장소에 대한 자료 조사를 통해 역사적 사건과 관련된 인물을 찾을 수 있다. 그 인물의 행동으로 인해 당시 사회에 어떤 변화가 일어났는지 파악할 수 있다.	4	
	모둠에서 정한 정동길 주변의 장소에 대한 자료 조사를 통해 역사적 사건과 관련된 인물을 찾을 수 있다.	3	
	모둠에서 정한 정동길 주변의 장소에 대한 자료 조사를 하였다.	2	

우리 모둠 목표 예시

우리 모둠은 우리가 정한 정동길 주변의 장소에 대한 조사를 우수하고 구체적이게 하여 역사적 사건과 관련된 인물을 찾을 것이다. 또 그 인물의 행동으로 인해 사회에서 어떤 변화가 일어났는지 파악할 것이다. 또 다 같이 협심하여 해당 인물들이 추구하는 가치를 찾을 것이다. 우리 모둠은 이 과정에서 모두가 참여를 하도록 도와줄 것이며, 다른 친구들의 의견을 존중하며 경청할 것이다. 갈등이 일어나더라도 학습 활동에 도움이 될 만한 길로 연결되도록 조정할 것이다. 모두 다 같이 자신이 맡은 일을 책임감 있게 수행할 것이다.

탐구 질문 만들기

탐구 질문 만들기 활동은 총 4차시인데, 1~2차시는 장소에 대한 답사, 3~4차시는 탐구 질문 만들기로 진행했다.

장소를 답사하면서 미술 시간에 제작하는 발표하기 보조 자료에 들어갈 사진도 촬영해야 했다. 학생들은 모둠별로 정한 장소를 방문하여 직접 보면서 분위기를 느껴보고, 안내 자료를 읽는 등 함께 학습을 해나갔으며 다양한 각도에서 사진을 촬영했다.

서울시립미술관(육영공원) 모둠   프랑스 공사관 모둠

탐구 질문 만들기는 사실상 '세상을 바꾸는 시간 3분'의 발표 주제를 정하는 단계로, 이 프로젝트를 통틀어서 가장 중요한 단계이다. 이 단계에 대해서는 창의적·비판적 사고 능력에 해당하는 정의적 영역에 대한 평가를 진행했는데, 점수는 따로 부여하지 않았다.

평가 요소	평가 기준	평가
창의적·비판적 사고 능력	호기심을 바탕으로 내가 선택한 인물이 추구하는 가치에 대한 일반화를 도출하여 이와 관련한 질문을 만들 수 있다.	우수
	호기심을 바탕으로 내가 선택한 인물이 추구하는 가치에 대한 질문을 만들 수 있다.	양호
	보고서를 쓰기 위한 질문을 만들 수 있다.	도달
	보고서를 쓰기 위해 질문을 만드는 것이 미흡하다.	미도달

탐구 질문을 정하기 위해서 학생들은 '내가 선택한 인물은 누구이며, 그와 관련된 장소는 어디인가? 인물을 택한 이유는 무엇인가? 내가 선택한 인물의 직업, 성별, 사회적 역할 등의 특징은 무엇인가? 내가 선택한 인물에 대해 생기는 호기심, 궁금증은 무엇인가? 내가 선택한 인물과 관련된 가치는 무엇인가?'와 같은 질문에 대한 답을 먼저 해야 했다. 이를 바탕으로 최소 다섯 가지 이상의 질문을 만들고, 이에 대한 피드백을 통해 최종적으로 질문을 확정했다.

'탐구 질문 만들기' 학습지 예시

1. 내가 선택한 인물, 관련된 장소는 어디인가요?

2. 그 인물을 택한 이유는 무엇인가요?

3. 내가 선택한 인물과 관련된 특징을 생각해 적어봅시다.
   (예) 유관순 – 여성, 학생, 독립운동가 / 고종 – 리더, 왕실, 사회지도층 등

4. 내가 선택한 인물에 대해 생기는 호기심, 궁금증은 무엇인가요?

5. 내가 선택한 인물과 관련된 가치는 무엇이 있을까요? (역사적으로 긍정적인 평가를 받는 인물이 갖추고 있는 가치, 반대의 경우라면 갖췄어야 하는 가치를 생각해 봅시다.)

6. 5번에 적은 내용을 바탕으로 질문을 만들어봅시다.
   (예) 우리 사회에서 리더는 어떤 역할을 해야 하는가? 우리나라에서 학생은 어떤 역할을 할 수 있을까? 등

자료 수집 및 검증

자료 수집 및 검증은 총 2차시로 진행했다. 수집한 자료가 신뢰성을 갖추고 있는지를 설문 양식의 분기 설정 기능을 활용하여 학생 스스로 검증하도록 했다.

우선 인터넷에서 찾는 자료를 '공식 사이트(또는 공식 채널), 인터넷 뉴스 기사, 그 밖의 자료'로 분류했다. 공식 사이트나 공식 채널을 선택했을 경우 '공식 홈페이지의 명칭, 해당 자료가 업데이트된 날짜' 등을 검증하도록 했고, 인터넷 뉴스 기사를 선택했을 경우 '뉴스를 보도한 언론사, 기사를 작성한 기자의 실명 공개 여부, 통계 자료의 유무, 기사가 작성된 날짜' 등을 검증하도록 했다. 기타 자료를 선택했을 경우 '자

신뢰성 검증 예시

자료의 신뢰성 검증_3학년 1반

* 필수

신뢰성 검증

신뢰성을 검증하기 위한 질문입니다.
본 검증은 1개의 자료에만 적용되는 질문들로 구성되어 있습니다. 다른 자료를 검증하기 위해서는 본 검증을 제출한 후 다시 링크를 클릭하여 검증해주시면 됩니다.

4. 검증하고자 하는 자료의 링크(제목)을 입력해주세요. *
   https://www.hani.co.kr/arti/international/international_general/1008231.html (안희경. '당신이 엘리트가 아니라면, 그건 당신 잘못이 아닙니다'. 한겨레. 2021.08.19.

   답변을 입력하세요.

5. 이 정보는 어디에 해당하나요? *
   공식사이트나 뉴스가 아닌 자료가 아닐 경우, 철저한 자료 검증을 해야 그 정보를 신뢰할 수 있습니다.
   ○ 공식 사이트(또는 채널 등)
   ○ 뉴스
   ● 위 두 가지 외의 자료

9. 최근에 제작된 자료(뉴스) 또는 최근에 업데이트 된 자료라고 할 수 있을까요? * 🗔

○ 네

○ 아니요.

10. 이 자료(공식홈페이지, 뉴스 또는 그 밖의 자료)를 신뢰할만한가요? 어디에 해당하는지 점수로
표시해봅시다. * 🗔

| 1 | 2 | 3 | 4 | 5 | 6 | 7 | 8 |

신뢰할 수 없음   신뢰할 수 있음

필수 질문입니다.

11. 위의 결과를 바탕으로 이 자료를 사용할 것인가요? * 🗔

○ 네. 사용하겠습니다.

○ 아니요. 다른 자료를 찾아보겠습니다.

료를 작성한 사람이 파악 가능한지 여부, 자료의 출처가 제시되었는지 여부, 업데이트된 날짜' 등을 검증하도록 했다. 마지막으로 모든 자료의 검증을 마친 뒤에는 8점 척도로 신뢰성을 판단하여 그 자료를 사용할지 스스로 판단하도록 했다. 최소한 6점 이상은 되어야 해당 자료를 사용할 수 있으며, 그 미만일 경우 다른 자료를 찾을 수 있도록 안내했다.

자료 수집 및 검증 단계에서는 개요 쓰기도 함께 진행했다. 탐구 보고서는 최소 7개의 문단으로 작성하도록 안내했다.

- 1문단: 탐구 보고서의 목적과 필요성, 탐구 질문에 대한 설명, 장소와 인물에 대한 언급
- 2문단: 내가 선택한 장소에 대한 주요 특징

- 3문단: 내가 선택한 인물에 대한 전체적인 설명

- 4문단: 내가 선택한 인물이 추구한 가치와 관련된 설명

- 5문단: 탐구 질문에 대해 내가 찾아보고 생각한 내용

- 6문단: 내가 추구하는 삶을 살기 위해 지금 하고 있는 작은 실천

- 7문단: 전제 요약·정리

2~6문단까지는 중간 부분이며, 2~4문단은 학생들이 자료를 찾아야 작성할 수 있기 때문에 참고 자료를 두 개 이상 찾아서 출처를 밝혀야 한다. 7문단은 탐구 질문에 대해 조사한 내용을 비롯하여 보고서에 대한 전체적인 요약·정리를 하도록 했다.

자료 탐색 및 검증에 대한 수행평가는 총 5점이었다. 2~5문단까지 각 문단에 들어갈 신뢰성을 갖춘 자료를 최소한 2개 이상 찾아야 하며, 찾은 자료 중에서 보고서에 활용할 부분을 요약하도록 안내했다.

활동 평가

평가 요소	평가 기준	배점	만점
자료 탐색, 검증 및 선정	예상 독자를 고려하여 보고서에서 다루고자 하는 인물을 선정하여 이에 대한 자료를 수집할 수 있다. 자료에 대한 검증 과정을 거쳐 신뢰성 있는 자료를 수집할 수 있으며, 보고서에 활용할 부분을 찾아 요약할 수 있다.	5	5
	보고서에서 다루고자 하는 인물을 선정하여 이에 대한 자료를 수집할 수 있다. 자료에 대한 검증 과정을 거쳐 신뢰성 있는 자료를 수집할 수 있다.	4	
	보고서에서 다루고자 하는 인물을 선정하여 이에 대한 자료를 수집하여 검증할 수 있다.	3	
	보고서에서 다루고자 하는 인물을 선정하여 자료를 수집하였다.	2	

보고서 쓰기

탐구 보고서 쓰기는 총 2차시로 진행했다. 1차시에는 보고서를 작성했고, 2차시에는 보고서에 대한 피드백을 바탕으로 다시 수정했다.

탐구 보고서는 총 7개의 문단으로 구성하고, 각 문단은 5~8문장 정도 분량으로 쓰도록 안내했다. 2~5문단의 경우 인용한 자료의 출처를 표기법에 맞게 작성하도록 지도했다.

탐구 보고서 쓰기에 대한 수행평가는 10점 만점이었다. 10점(우수)의 기준은 가치의 변화를 중심으로 탐구한 내용이 잘 드러나도록 탐구 보고서를 쓰는 것, 역사적 장소와 인물에 대한 내용을 나와 관련지어 작성하는 것, 신뢰성을 갖춘 자료를 여러 개 인용하여 출처를 밝히는 등 쓰기 윤리를 지키는 것이었다.

활동 평가

평가 요소	평가 기준	배점	만점
보고서 쓰기	예상 독자를 충분히 고려하여 가치와 변화를 중심으로 탐구한 내용이 잘 드러나도록 보고서를 쓸 수 있다. 역사적 장소와 인물에 대한 내용을 나와 관련지어 작성할 수 있으며, 신뢰성을 갖춘 자료를 여러 개 인용하여 출처를 밝히는 등 쓰기 윤리를 지킬 수 있다.	10	10
	변화를 중심으로 역사적 장소와 인물에 대해 탐구한 내용을 나와 관련지어 보고서를 쓸 수 있다. 신뢰성을 갖춘 자료를 인용하여 출처를 밝히는 등 쓰기 윤리를 지킬 수 있다.	8	
	역사적 장소와 인물에 대한 내용을 나와 관련지어 보고서를 쓸 수 있다. 인용한 자료에 대해 출처를 밝힐 수 있다.	6	
	역사적 장소와 인물에 대한 내용을 나와 관련지어 보고서를 쓰기 위해 노력하였다.	4	

고쳐쓰기

고쳐쓰기는 총 2차시로 진행했다. 1차시는 고쳐쓰기의 일반 원리에 대해 안내하고 나서 그에 따라 다른 친구의 글을 피드백하는 활동을 했고, 2차시는 다른 친구의 글을 읽고 피드백한 기준을 바탕으로 자신의 글을 고치도록 했다.

학생들이 2학년 때 배운 고쳐쓰기의 일반 원리인 '추가, 삭제, 대치, 재구성' 외에도 내용과 형식으로 나눠서 다른 친구들의 글을 점검할 수 있도록 했다.

내용과 관련해서는 '처음 부분에서 탐구하고자 하는 내용에 대한 설명이 명확히 드러나는가? 중간 부분의 다섯 개의 문단이 각 내용에 맞게 구성되었는가? 끝부분에 전체적인 내용에 대한 요약과 글쓴이의 의견이나 소감이 드러났는가? 각 문단의 중심 내용은 탐구 질문과 긴밀하게 연결되었는가? 탐구한 내용을 과장, 축소, 변형, 왜곡하지는 않았는가?'와 같은 기준으로 평가하도록 지도했다.

형식과 관련해서는 '문단 및 문장의 구분은 명확히 이뤄졌는가? 참고 문헌 자료는 최소 2개 이상을 인용하였는가? 참고 문헌의 출처를 정해진 양식에 따라 적었는가?'와 같은 기준으로 다른 친구들의 글을 피드백하도록 했다.

고쳐쓰기에 대한 수행평가는 5점 만점이었다. 다른 친구의 글 두 편 이상을 읽고 탐구 보고서의 내용과 형식을 완성도 있게 만들기 위한 대안을 제시할 수 있는지, 이를 바탕으로 자신의 글을 고쳐 쓸 수 있는지 등을 평가했다.

평가 요소	평가 기준	배점	만점
고쳐쓰기	다른 친구의 글을 읽고 보고서의 형식 및 내용을 갖추기 위한 대안을 제시할 수 있으며, 이를 바탕으로 자신의 글을 고쳐 쓸 수 있다.	5	5
	다른 친구의 글을 읽고 보고서의 형식 및 내용을 갖췄는지 판단할 수 있으며, 이를 바탕으로 자신의 글을 고쳐 쓸 수 있다.	4	
	다른 친구의 글에 대한 느낌을 적을 수 있으며, 이를 바탕으로 자신의 글을 고쳐 쓸 수 있다.	3	
	자신의 글을 고쳐 쓸 수 있다.	2	

발표하기

발표하기는 총 3차시로 진행했다. 1차시는 발표하기 연습, 2~3차시에는 3분 발표하기를 진행했다. 친구들이 발표하는 동안 학생들은 청중으로서 친구들의 발표에 대한 동료 평가를 했다.

　발표할 때는 미술 시간에 제작한 이미지를 보조 자료로 활용했다. 미술 시간에는 총 2개의 이미지를 제작했는데, 하나는 장소에 대한 사진이고, 다른 하나는 역사 시간에 만든 문구가 효과적으로 드러나도록 소품을 활용해서 사진을 찍고 그 위에 캘리그래피를 적은 것이었다. 학생들은 인물의 특징이 잘 드러나는 소품을 활용하여 사진을 찍어 그 인물이 추구하는 가치를 효과적으로 표현했다.

　발표하기 보조 자료는 최소 4개의 슬라이드를 활용하도록 했다. 첫 번째는 탐구 주제, 두 번째는 장소에 대한 사진, 세 번째는 인물과 관련된 소품을 배경으로 하는 캘리그래피 사진, 네 번째는 나의 실천과 관

정관헌

석어당

강○○ 학생 작품

박○○ 학생 작품

발표하기 보조 자료

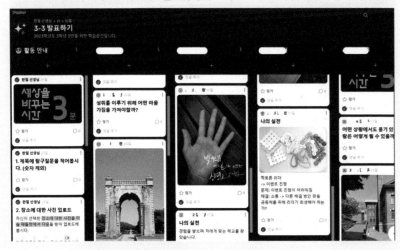

련된 내용을 이미지나 텍스트로 표현한 것이다. 나의 실천은 '일기 쓰기, 규칙적으로 운동하기, 더 알아보고 싶은 책을 사서 읽기'처럼 생활 속에서 할 수 있는 것들을 담아내도록 지도했다.

또한 학생들이 보조 자료를 만드는 데 드는 시간과 노력을 아끼고, 보조 자료를 제작하는 능력의 차이가 발표하기에 영향을 주는 것을 차단하기 위해 모든 학생의 보조 자료는 패들렛을 활용했다. 패들렛에 슬라이드 순서대로 발표 자료를 업로드한 뒤 패들렛의 슬라이드쇼 기능을 활용하여 발표를 진행했다.

발표하기의 수행평가는 10점 만점이었다. 10점(우수)의 기준은 자신이 탐구한 내용을 여러 사람 앞에서 자신감 있게 발표할 수 있는 것, 청중의 반응을 고려하여 눈맞춤이나 몸짓, 손짓 등 비언어적 요소를 적

발표하기 활동 모습

평가 요소	평가 기준	배점	만점
발표하기	청중을 고려하여 자신이 탐구한 내용을 여러 사람 앞에서 자신감 있게 발표할 수 있다. 청중의 반응을 고려하여 눈맞춤이나 몸짓, 손짓 등 비언어적 요소를 적절히 활용할 수 있다. 탐구 내용에 대한 실천을 뒷받침하는 적절한 시각 자료를 활용할 수 있으며, 전달하고자 하는 바를 이해하기 쉽게 말할 수 있다.	10	10
	자신이 탐구한 내용을 여러 사람 앞에서 자신감 있게 발표할 수 있다. 몸짓과 손짓 등 비언어적 요소를 적절히 활용할 수 있으며, 탐구 내용과 관련된 시각 자료를 활용하여 전달할 수 있다.	8	
	자신이 탐구한 내용을 여러 사람 앞에서 발표할 수 있다. 몸짓과 손짓 등 비언어적 요소를 활용할 수 있다.	6	
	자신이 탐구한 내용을 여러 사람 앞에서 발표하기 위해 노력하였다.	4	

절히 활용할 수 있는 것, 탐구 내용에 대한 실천을 뒷받침하는 적절한 시각 자료를 활용하는 것, 전달하고자 하는 바를 이해하기 쉽게 말하는 것 등이었다.

발표 장소는 조명과 음향 시설이 갖춰진 교내의 소극장을 활용했고, 소품도 준비하여 실제 강연장 같은 느낌이 나도록 했다.

정동길 프로젝트 '세상을 바꾸는 시간 3분: 과거×상상, 지금 여기의 나'는 거의 두 달간 이어진 장기 프로젝트였다. 특히 각 단계마다 수행평가가 이루어지기 때문에 어느 한 단계를 소홀히 하게 되면 다음 단계에 영향을 받을 수밖에 없었다. 그래서 프로젝트에 대한 자기 관리를 정의적 영역의 평가로 삼아 학생들이 자신의 프로젝트를 스스로 관리하며 끝까지 마칠 수 있도록 지도했다.

활동 평가

평가 요소	평가 기준	평가
자기 관리	프로젝트를 완료하기 위해 계획대로 실행하였다. 시간, 노력, 자원 등을 스스로 관리할 수 있다. 필요한 경우 도움이나 자원을 요청하고 적절하게 활용할 수 있다. 수행 활동에 대한 성찰을 통해 부족한 점을 보완하여 다시 도전할 수 있다.	우수
	프로젝트를 완료하기 위해 계획대로 실행하였다. 시간, 노력, 자원 등을 스스로 관리할 수 있다. 필요한 경우 도움이나 자원을 요청하고 적절하게 활용할 수 있다.	양호
	프로젝트를 완료하기 위해 계획대로 실행하였다.	도달
	프로젝트를 완료하기 위해 계획대로 실행하는 것이 미흡하다.	미도달

수업 후기

프로젝트 수업은 학생들이 자신들의 삶 속에서 문제를 포착하고 그 문제를 해결하기 위해 조사나 연구, 발표 및 평가에 이르기까지 학습의 전 과정에 걸쳐 자발적으로 참여하는 수업 모형이다. 현실 속 문제는 교과서에 나오는 많은 변수가 제거된 단순한 형태가 아니라 매우 복잡하기 때문에 이를 해결하기 위해서는 여러 교과의 융합이 필수적으로 요구된다.

두 번의 정동길 프로젝트를 진행하며 한 번은 역사적 장소에 대한 조사 보고서를 작성하여 책으로 엮어내는 활동을 했고, 다른 한 번은 역사적 장소와 연관된 인물을 탐구한 후 그 내용을 나와 연관 지어 발표하는 수업을 진행했다.

이 프로젝트가 아니었으면 교과서에서만 보고 넘어갔을 수도 있었을 것이다. 그런데 직접 찾아가서 두 눈으로 보면서 분위기를 느끼고, 여러 자료를 찾아 탐구하는 과정을 거치면서 훨씬 더 깊이 있는 학습이 이루어질 수 있었다고 생각한다. 하지만 프로젝트 수업의 관점에서 봤을 때 아쉬운 점들도 있었다.

2020년에 진행한 '정동길 컬러링북 만들기' 프로젝트는 학생들이 탐색할 장소와 그 장소에서 조사할 내용까지 개인별로 일일이 정해줬기 때문에 학생들 각자의 호기심이나 자발적인 문제의식이 개입될 여지가 별로 없었다.

2023년에 진행한 '세상을 바꾸는 시간 3분: 과거×상상, 지금 여기의 나' 같은 경우는 교사들이 정해준 역사적 장소를 바탕으로 학생들 각자의 관심에 따라 인물을 정하고 그에 대한 탐구 질문을 만들었기 때문에 학생들의 자율성이 어느 정도는 반영될 수 있었다. 똑같이 고종을 선택한 학생들이라 하더라도 탐구 질문은 '올바른 리더, 어떻게 될 수 있을까?'와 '투표를 잘하려면 어떻게 해야 할까?'로 다르게 나타나기도 했다.

하지만 역사적 장소에 얽매이다 보니 장소와 관련된 다양한 인물을 찾으려고 해도 한계가 있어서 결국에는 비슷한 인물들을 선택하게 되는 문제가 있었다. 또한 역사과의 교육과정이 바뀌면서 개화기를 학습할 충분한 시간이 없었던 것도 한계로 작용했다. 수업과 평가는 성취 기준에 근거해서 이루어져야 하는 만큼, 이 부분은 '2022 개정 교육과정'에서도 중요하게 살펴봐야 할 문제이다.

앞으로 진행할 정동길 프로젝트는 과거의 역사적 공간인 정동에만 얽매이기보다 현재와 미래에 초점을 맞춰 다양한 형태의 프로젝트에 대한 가능성을 탐색하면 좋겠다. '정동 야행'과 같은 지역 축제에 초점을 맞추거나, 창덕여중, 예원학교, 이화여고의 학생들이 서로 교류하면서 정동 학생들의 문화를 만들어가는 활동도 가능할 것이다.

단순히 과거의 흔적을 기억하는 수준에서 벗어나, 현재를 이해하고 현재와 미래를 연결하는 법을 배우기 위한 역사 탐방 프로젝트로서 정동길 프로젝트가 계속되길 바란다.

손잡고 국어수업 06

국어과 중심 마을결합형 융합수업

1판 1쇄 발행일 2025년 4월 14일

지은이 구본희 윤수란 이한솔 한얼

발행인 김학원
발행처 (주)휴머니스트출판그룹
출판등록 제313-2007-000007호(2007년 1월 5일)
주소 (03991) 서울시 마포구 동교로23길 76(연남동)
전화 02-335-4422 **팩스** 02-334-3427
저자·독자 서비스 humanist@humanistbooks.com
홈페이지 www.humanistbooks.com
유튜브 youtube.com/user/humanistma
페이스북 facebook.com/hmcv2001 **인스타그램** @humanist_insta

편집책임 문성환 **편집** 윤무재 **디자인** 유주현
용지 화인페이퍼 **인쇄** 청아디앤피 **제본** 민성사

ⓒ 구본희·윤수란·이한솔·한얼, 2025

ISBN 979-11-7087-317-4 04370
　　　979-11-6080-987-9 (세트)